「選ぶ」「育てる」「ふやす」がうまくいく

多肉植物 スタートBOOK

黒田健太郎

多肉植物ってどんな植物？

プリッとした肉厚な葉で、可愛らしいフォルムが人気の多肉植物。
プクプクしたもの、白い毛がふさふさのもの、トゲトゲなもの。
その姿はバラエティーに富んでいて、見ているこちらを飽きさせません。
少ない水で、小さな鉢でも育てられるので、
ベランダや窓辺、机の上など狭いスペースで気軽に楽しめるのも魅力。
ついついコレクションが増えてしまうのも、うれしい悩みです。
生長のスピードがゆっくりなものが多いので、お世話も大変ではありません。

多肉植物を育てたいなと思っても、
「たくさん種類がありすぎて、何を選べばいいかわからない」という人も
多いのではないでしょうか？　そういう方のために、
本書では、「見た目がよく」「育てやすく」「手に入りやすい」を叶えた
20品種を厳選して紹介します。
もちろん、私のお店「フローラ黒田園芸」でも人気の品種です。
まずは、好きな見た目の多肉植物を
ひとつ購入するところから始めてみてはいかがでしょうか。

基本は、よく日の当たる風通しのよい場所で、乾かしぎみに管理していれば、
元気に可愛いフォルムを保って生長してくれます。
どこに置いて、どのようなタイミングで水をあげて、という
育て方の基本がわかれば、だれでもうまくつき合っていけると思います。
暮らしの空間にグリーンがあると、心が癒やされます。
この本を参考に、個性的な魅力たっぷりの多肉植物を育ててみませんか？

黒田健太郎

多肉植物の楽しみ方

多肉植物は、比較的育てやすいので、初心者やこまめなお世話が苦手な人にもおすすめ。
季節で移り変わる様子、生長していく姿を愛で、育てる楽しさを味わってみてください。

育っていく様子を楽しむ

多肉植物は日本原産の品種もありますが、多くは南アフリカや中南米などの乾燥地帯で育つものが多く、その姿はとてもユニークです。サボテンのように、生育の速度は緩やかなのに、思わぬ場所から目を疑うような派手な花が咲いたり、リトープスのように、石のような葉の割れ目から新たな葉がにょきっと出てきて脱皮したり。カランコエの中には、葉の縁から小さな葉がぴょこぴょこ生まれるものもあり、その生育過程を追うだけでも楽しめます。

上部2点はどちらもサボテン。左上のふさふさな花芽は、その後茎を長く伸ばし、華やかな花を咲かせる。左下はリトープスの脱皮の様子。右下はカランコエの葉の縁に子株がたくさんついた状態。

増やして楽しむ

多肉植物は丈夫で生命力の強いものが多く、簡単に増やすこともできます。たとえば、葉挿し。エケベリアやカランコエなどのぷっくりした葉をもつものは、1枚の葉を乾燥した場所に置いておくと、葉元の生長点から小さい子株が生まれます。その様子は強い生命力を感じさせ、ミニチュアの子どもの姿にも癒やされるでしょう。葉挿し以外でも、株分けや挿し木で簡単に増やすこともでき、お気に入りの品種をたくさん育てるのも容易です。

写真は葉挿しの様子。エケベリアやカランコエ、グラプトペタルムなどの葉を乾いた土の上などに置いておくと、子株が出て発根する。たった1枚の葉から立派な株ができる生命の神秘も感じられる。

TANIKU
SHOKUBUTSU
START BOOK

CONTENTS

PART. 1
人気の品種の特徴と育て方

COLUMN

PART. 2
多肉植物を飾る

PART. 3
多肉植物カタログ

COLUMN

3つの生育型

多肉植物は生育サイクルの違いにより、大きく3つの型に分けられます。
型の違いは原産地の環境の違い。これを意識して育てると仲よくつき合えます。
それぞれの型の特徴とポイントを押さえて、育て始めましょう。

《 春秋型 》

春と秋に生長するタイプ。過ごしやすい温暖な気候を好みます。一般的な生育適温は10〜25℃が目安です。冬と夏は、休眠または生長が鈍る半休眠状態に。この時期は水やりを控えます。夏は遮光し、風通しをよくして蒸れに注意しましょう。冬は室内に入れるなど、寒さから守る工夫を。初心者でも育てやすい品種が多いです。

セダム（→p.14）

エケベリア（→p.18）

ハオルチア（→p.22）

コチレドン（→p.46）

グラプトペタルム（→p.48）

パキフィツム（→p.50）

《 夏型 》

暑さに比較的強く、気温の高い時期に生長するタイプ。気温が上がる春〜秋にかけて生長します。とはいえ、猛暑期は生育が緩慢に。生育適温は15〜30℃が目安です。秋の気温が下がるころから生長は鈍くなり、冬は休眠。夏の多湿と強光はダメージが大きいので風通しをよくし、葉焼け対策も。冬は水やりを控え、防寒もしっかりと。

カランコエ（→p.26）

ユーフォルビア（→p.30）

サボテン（→p.32）

アガベ（→p.34）

アロエ（→p.36）

《 冬型 》

寒さに比較的強く、低温期に生長するタイプ。夏の蒸し暑さが苦手です。生育適温は5〜20℃が目安。夏は休眠するので風通しをよくし、断水を。秋、気温が下がってきたら生長を始めます。冬も緩やかに生長するので、5℃を下回らないよう防寒対策をしましょう。春は再び生長が活発になります。冬型の植物は種類が少ないです。

リトープス（→p.38）

セネシオの一部（→p.54）

オトンナ（→p.54）

多肉植物を選ぶときのポイント

売り場を見ていると、あれもこれも欲しくなり、迷ってしまいがちです。
まずは、どこに置きたいのか、どんな植物をどんな風に育てたいのか。
育てている自分の姿を想像し、ワクワクするものを選びましょう。

1 どこに置きたいかを考える

育てるのは、屋外？　それとも室内？　自宅の置き場所をイメージしてみましょう。それによって選ぶ品種は変わります。基本は屋外ですが、ハオルチアやリプサリスは日除けをしたいので、室内でも大丈夫です。室内で育てるポイントは、日当たりと風通しのよい空間で、乾かしぎみに育てること。これが守れるなら、サボテンもOKです。

2 どんな植物を飾りたいかを考える

続いて、植物の種類や鉢のサイズ感、テイストを考えましょう。小さくてかわいいセダムをたくさん飾りたい、トゲのあるハードなアロエを印象的に飾りたい、枝垂れる姿が美しいリプサリスをリビングに吊るしたいなど、具体的に思い描きます。植物の魅力が引き立ち、空間に映えるサイズや色の鉢を見つけるのも楽しみのひとつです。

3 どのように育つかを知っておく

気になる種類が絞れたら、生長していく姿を知ることが大切です。種類によって生育スピードは違います。生長の早いセダムはこまめな剪定が必要なので、お世話したい人向き。一方、ある程度放任したいなら、生長が緩やかなサボテンなどがぴったり。横に広がるのか、上に伸びるのか。置き場所とのバランスで選ぶとよいでしょう。

株を選ぶときの注意点

1 徒長していないか？

茎が間延びし、ひょろひょろと伸びて弱々しい状態の株は避けて。日照不足が原因。徒長した株は軟弱で、病害虫の被害を受けやすい。

2 病気にかかっていないか？

葉が変色している、食害で穴があいている、葉や茎が全体に白っぽいなど、葉や茎をチェックして、病気や害虫のいない株を選ぼう。

3 葉焼けしていないか？

強い光に当たることで起こる葉のやけどが葉焼け。変色し、ひどいと傷あとが残ったり、腐敗の原因になったりするので避けて。

4 株が締まっているか？

枝ぶりが締まっていて、株全体もずっしりと引き締まって勢いがあるものを選んで。株の根元がぐらついていないかどうかも確認を。

5 葉色がよいか？

葉や茎の色つやがよいものを選ぶこと。葉色が薄くぼんやりしているものは日照不足。白い粉のつく品種は、粉が取れていないものを。

6 購入するのにいい時期か？

植物の生育期に購入するのがベスト。生育期なら、購入後すぐ、気に入った鉢などに植え替えができる。一般的には春か秋がおすすめ。

多肉植物を購入したら

お気に入りの多肉植物を購入したら、いよいよグリーンライフが始まります。
まずは、お気に入りの鉢に植え替えて、日々のお世話をしましょう。
よく観察して水やりをし、生長を見てあげると元気に育ちます。

1 道具を用意する

多肉植物に合わせて、お気に入りの鉢を選ぶと育てる楽しみが増します。イメージに合う鉢を選ぶことは大事ですが、素材や鉢底穴の有無も見逃せないチェックポイント。水やりの量やタイミングが、鉢によって変わってくるからです。初心者なら通気性がよく、水分が蒸発しやすい素焼き鉢がおすすめ。そのほか、植え替えや日ごろのお手入れを行うときに揃えておきたい道具をご紹介。園芸用ばさみは、握りやすいものを用意するとよいです。

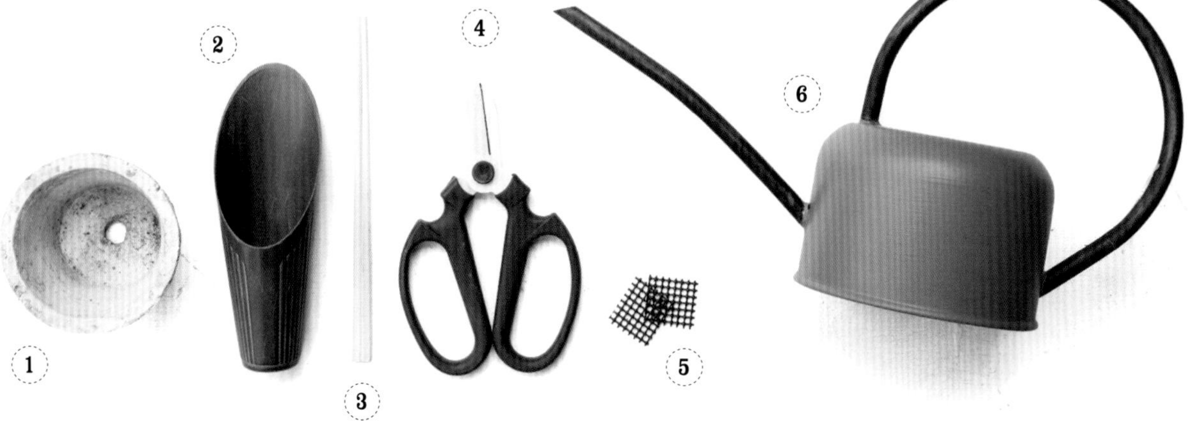

1 鉢

底に排水用の穴があいているテラコッタやモスポットなどの素焼き鉢は、通気性がよく、水やり後に余分な水が抜けやすい。鉢底穴がない器で底に穴があけられる素材はあける。(p.80)

2 土入れ

植え替えのときなどに、土を鉢に入れる道具。サイズは大小さまざまあるので、使いやすいものを選んで。なければ、プラスチック製の空き鉢などを代用してもよい。

3 割りばし

植え替え時など、すき間にまんべんなく土を入れるときにあると便利。小さい鉢なら竹ぐしでもよい。土の上から軽く突くようにすると、すき間に土を落とせる。

4 園芸用ばさみ

不要な葉や茎、根を切る、伸びすぎや暴れた茎を整理するときなどに使用。刃が細くて、長めのものが使いやすく、よく切れるものは植物を傷つけない。使用後、アルコール除菌を。

5 鉢底網

植え付け、植え替え時に鉢穴の上に置き、鉢穴から土が流出したり、害虫が侵入したりするのを防いでくれる。プラスチック製なので、繰り返し使える。

6 じょうろ

水やりのときに使う。口の細いタイプは、水が葉や株にかからず、狭いところを狙ってやさしい水やりができるため、使い勝手がよい。

2　土を用意する

多肉植物にとって、土は「家」です。元気に育てるには、住みよい環境を整えることが大事。ヒントは自生地にあります。砂漠などの乾燥地帯に自生しているため、草花などに比べると水はけのよい土を好みます。初心者には市販の多肉植物専用培養土が手軽でおすすめ。大きく早く育てたいなら、赤玉土ベースのブレンド土が適しています。これは、赤玉土4割に、腐葉土と軽石（パミス）を各2割、くん炭とバーミキュライトを各1割混ぜて作ります。

多肉植物専用培養土

排水性をよくするために、小粒の軽石を多めに配合した、市販の多肉植物専用培養土。水はけのよい土なので、ついつい水をあげすぎてしまう初心者でも安心して使える。

赤玉土

火山灰土の赤土をふるいにかけ、大・中・小とサイズ別にして売られている。多肉植物の培養土として主に使うのは、小粒。弱酸性で、通気性、保水性、保肥性がある。腐葉土や軽石などとブレンドして使う。

草花専用培養土

市販の草花用の培養土。ただし、多肉植物にとっては、保水性がよすぎるので、もし使うなら、小粒の赤玉土を4割混ぜると水はけがよくなり、生育しやすくなる。

鉢底石

鉢底に入れると、排水と通気性がよくなり、根腐れを防ぐ。鉢の1/5量が目安だが、深さのある大きめの鉢には多めに入れるとよい。軽石（パミス）と同じ素材で、土に混ぜるなら小粒を。

3　鉢に植え付ける

購入した多肉植物が植わっているポットよりひと回り大きい鉢を準備。鉢底網、鉢底石の順に入れ、土を少量入れたら、ポットから取り出した根鉢を軽く崩して植え付けます。そうすると、新しい土とのなじみがよくなります。株が倒れないように片手で支えて、新しい土を入れます。このとき、新しい土で株元を覆いたくなりますが、株元を埋めると元気がなくなるので気をつけましょう。植え付け直後に、鉢底から流れ出るまでたっぷりと水やりをします。

鉢の縁と同じ高さで植え付けると、水やりしたときに土が流れ出てしまう。それを防ぐために、鉢の縁より1cm下に培養土がくるように植え、ウォータースペースを作るとよい。

4 日々のお世話をする

水やりについて

水やりの基本は、土が完全に乾くのを待ってからあげること。水のやりすぎは、かえって株を腐らせる原因になります。春と秋の生育期は、株全体にたっぷりと与えましょう。梅雨入りから残暑厳しい9月中旬までは極端に水やりを減らし、生育を休ませます。暑い時期は葉にかけず、土だけにかけます。12～2月の厳寒期も同様で、夜間、土が湿っていると凍結のおそれがあるので十分注意します。3月から徐々に水やりを増やしていきます。水やりの時間帯は、真夏は気温の上がる日中を避けて、夕方に。極寒期は、気温の下がる朝晩を避けて日中に行います。

生育期は、じょうろのハス口を使い、株全体にシャワーのようにたっぷりと与える。鉢皿があるときは、たまった水は捨てよう。

置き場所について

理想的な環境は、長時間日が当たり、風通しのよいところです。日照不足や風通しが悪いと葉色が悪くなり、間延びします。春は屋外で十分日光に当てましょう。長雨は株を腐らせるので、梅雨時は雨除けできる軒下で管理します。高温多湿で日差しの強い日本の夏は、過酷な季節。遮光ネットで日陰を作るか、半日陰の涼しい場所に移動し、株を休ませます。暑さの落ち着く9月下旬からは徐々に日光に慣らし、10月からは十分日の当たる風通しのよいところへ。気温の下がる冬は、寒風や霜は絶対に避けて。5℃以上を保つ日当たりのよい室内などに移動させましょう。

日当たりや風通しがよく、雨のかからない屋根や軒がある場所は、夏の強い直射日光からも守れる。棚上は、床置きより風通しもよい。

肥料について

多肉植物は、砂礫《されき》や砂漠地など栄養分の少ない場所に自生しているので、それほど多くの肥料を必要としません。また、夏や冬の半休眠や休眠期に追肥をすると、ダメージを与えることもあります。紅葉する種類は、肥料分が多いときれいに紅葉しないので、気をつけましょう。肥料を与えるのは、生育期のみ。植え付けや植え替えのときの元肥と、生長を促す追肥があります。元肥には緩効性肥料を使いますが、すでに肥料の入った市販の培養土を使うなら混ぜ込まなくてよいです。追肥には液体肥料を規定倍率よりも薄めに希釈し与えます。葉色もよくなります。

液体肥料（左）は即効性があり、生育期に1か月に一度が目安。緩効性肥料（右）は、じんわりと効き目が長く続く。元肥に便利。

TANIKU
SHOKUBUTSU
START BOOK

PART.1

人気の品種の特徴と育て方

セダム
Sedum

BASIC DATA

学名：*Sedum*
科名：ベンケイソウ科
属名：セダム属
別名：マンネングサ、ベンケイソウ
原産地：世界各地
生育型：春秋型
増やし方：株分け、挿し木、葉挿し

葉の形や大きさ、葉色、生長の仕方など、バリエーション豊富。右上から時計回りに、房状に生長し下垂する《新玉つづり》、紅葉している《虹の玉》、白い縁取りの小葉が印象的な《覆輪丸葉万年草》、モコモコした形に育つ《スプリングワンダー》、《乙女心》、《ゴールドビューティー》、茎立ちしてくる《銘月》。
※品種の紹介はp.82～85。

ベンケイソウ科の中で最大の属で、世界中に広く分布し、400種以上あります。
ぷっくりとした小さな葉を群生させるもの、ロゼット状に葉をつけるもの、
房状になり垂れ下がるもの、茎が上向きに伸びる木立ち性のものなど、生育スタイルは多彩。
国内で流通する品種の大半は、耐寒性はあるものの、高温多湿は苦手です。
日本に自生や野生化している品種は、万年草《まんねんぐさ》の名で親しまれており、
寒さに強く、グラウンドカバーとして露地植えにも適しています。
生長のスピードは早く、品種によって株分け、挿し木、葉挿しのいずれかで簡単に増やせます。

〘 セダムの特徴 〙

這うように横に広がるタイプ

小さな葉を密集させて地面を這うように繁殖する性質をもつ。一面に広がる様子は絨毯のよう。右上の《丸葉万年草》など、名前に万年草と入る仲間はこのタイプ。下は《パープルヘイズ》、左上は《ゴールデンカーペット》。

上に伸びて木立ちになるタイプ

左の《乙女心》や右の《松の緑》のように、茎が立ち上がるタイプも。生長するにつれて茎の下から落葉し、上の部分に葉をつけて木立ちになる。茎の動きを生かした寄せ植えにしても素敵。

春から秋に咲くキュートな小花

花茎をぐっと伸ばし、先端に小さな花芽を密につける。品種によって異なるが、開花時期は３～11月ごろ。星形をした愛らしい花を咲かせる。花色は黄色や白が多いものの、赤系もある。写真は《ゴールドビューティー》。

秋から春先には紅葉も見られる

気温の低下とともに葉色は徐々にピンクや赤などに色づき始め、真冬には色鮮やかに紅葉する。写真の《虹の玉》や《オーロラ》が代表種。春になり、温かくなると紅葉は薄くなり、緑やグレーがかった元の葉色に戻る。

〘 栽培カレンダー 〙

	1月	2月	3月	4月	5月	6月	7月	8月	9月	10月	11月	12月
生育時期（生育期・休眠期）	半休眠期	半休眠期	生育期	生育期	生育期	生育期	生育緩慢期	休眠期	休眠期／生育期	生育期	生育期	生育期
開花			●	●	●	●	●	●	●	●	●	
植え替え、株分け、挿し木、葉挿し			●	●	●				●	●	●	
肥料			●	●	●				●	●		

〘 日々のお世話 〙

水やり・肥料

生育期の春と秋は、土の表面が乾いたらたっぷりと水をやる。7～9月中旬の生育緩慢期～休眠期は、水やりを控えて乾かしぎみに。高温時の過湿は苦手。肥料は薄めの液体肥料を1か月に一度与えると生育が促される。植え替え時に元肥として緩効性肥料を土に混ぜ込む。

置き場所

春～秋は日当たりと風通しのよい場所に。梅雨時期や真夏は、雨を避けられる軒下がよい。冬は日当たりのよい軒下に。寒さに弱い品種は、寒風や霜を避けられる簡易フレームなどに入れるか、日当たりのよい室内に移動させるとよい。

植え替え・剪定

生育が早いので1年に一度、植え替えを行う。根鉢はやさしくもみほぐすようにして軽く土を落とし、元肥を混ぜ込んだ新しい培養土に植え付ける。植え替え時に、株が間延びしていればカットして草丈を低く仕立て直してもよい。

増やし方

万年草など這い性タイプは株分け、木立ち性タイプは挿し木に向く。植え替えをしたときにカットした茎や葉は、挿し木や葉挿しに利用できる。万年草などはとくに生長が早いので、生育期にその都度株分けして増やすことができる。

〘 株分けをする 〙

這い性タイプ（写真は《ゴールデンカーペット》）は、株が広がり鉢いっぱいに育ったら、株分けして植え替えましょう。適期は、生育期の春と秋です。生長が早いので、状況に応じて年2回行っても構いません。

1

根鉢ごと鉢から取り出す。セダムの根は細いので、指でやさしくもみほぐし、土を軽く落としたら、ゆっくりと割っていく。

2

根の次は、上部の茎と葉の絡まりを親指でほぐしながら、ゆっくりと分ける。力任せに行うと、茎や葉がちぎれるので注意。

3

根鉢の下 1/3 は落としてよい。植えていた鉢の底に新しい培養土を少し入れ、ウォータースペース分を残して植え付ける。

4

鉢をもう1つ用意し、残りの株も植え付ける。植え付け後、すぐに水やりをする。

〘 切り戻す／挿し木をする 〙

茎が上に伸びて木立ちになるタイプ（写真は《乙女心》）は、数年間そのまま育てていると、下の葉が落ちて間延びしてきます。切り戻して挿し木にしましょう。残った株元からも新芽が出てきます。

1

枯れた葉などを取り除く。株元にできている新芽は残し、間延びした茎を株元から切る。

2

切った先端部分を挿し木に使う。茎を2〜3㎝長さに切り、日陰で切り口を1週間〜10日ほど乾かす。

3

新しい培養土に、**2**を挿す。明るい日陰で管理し、3〜4週間で発根する。根が出たら水やりを始める。

4

2で鉢に残った親株の植え替えも行う。根鉢を取り出してやさしくほぐし、古い根や土を落とす。

5

新しい培養土を入れた鉢に、ウォータースペース分を残して**4**を植え付ける。

6

植え付け後、すぐに水やりをする。

エケベリア
Echeveria

上段左から、ワインレッドの葉色が美しい《オータムフレイム》、《ローラ》、白い粉を帯びる《リラシナ》、中段左から《サブセシリス》、《アークティックアイス》、フリル状の葉をもつ《ネオンブレーカーズ》、下段左から《マローム》、《銀武源》、寒いとより紫ピンクに色づく《パールフォンニュルンベルグ》、子株が群生しやすい《イリア》。
※品種の紹介はp.86～89。

BASIC DATA

学名：*Echeveria*
科名：ベンケイソウ科
属名：エケベリア属
原産地：メキシコ、中南米
生育型：春秋型
増やし方：挿し木、葉挿し

バラの花のようにロゼット状に広がる葉は美しく、人気がある品種。
直径3cmほどの小型種から30cmを超える大型種があり、
葉色も多彩で、緑の濃淡のほか、赤や黒、青系、紫など個性豊かです。
気温が下がる秋ごろから徐々に紅葉が始まり、鮮やかに色づく姿も見ごたえ十分。
春になり、温かくなると紅葉は終わりを迎え、少しずつ元の葉色に戻りますが、
葉の間から花芽が伸び、夏ごろまで可憐な花が楽しめる品種もあります。
交配種や園芸品種も数多く作出され、種類が豊富に揃う多肉植物です。

〖 エケベリアの特徴 〗

ロゼット型に整った葉は美しい

中心から放射状に葉が伸びる姿をロゼット型と呼び、エケベリアの葉はすべてこの形をしている。写真は《花月夜》。株の脇に子株が発生し、群生しやすいタイプもある。

春から夏にベル形の小花が開花

株元から花茎を長く伸ばし、先端にオレンジやピンク色などの小花をいくつも咲かせる。うつむき加減に咲く姿も愛らしい。ただ、開花すると株が弱る品種もあるので、花芽は早めに切るとよい。写真は《デレッセーナ》。

晩秋から春の紅葉は艶やか

品種によって色づき方は異なるが、発色のよさは魅力。11月下旬ごろから本格的に色づくが、9月ごろから太陽にしっかり当てて、肥料を控えめにするとよりきれい。写真は左が《ジェイドポイント》、右奥が《マリア》。

白い粉で覆われる葉もある

白いパウダーの正体は、植物自身が作り出す果糖。原産地の強い直射日光から葉を守り、水分の蒸散を防ぐ働きがある。触ると取れて美しさが損なわれるので、触らないほうがよい。写真は《リラシナ》。

〘 栽培カレンダー 〙

	1月	2月	3月	4月	5月	6月	7月	8月	9月	10月	11月	12月
生育時期（生育期・休眠期）	休眠期	休眠期	生育期	生育期	生育期	生育期	生育期／半休眠期	半休眠期	半休眠期／生育期	生育期	生育期	生育緩慢期
開花			―	―	―	―	―					
植え替え、挿し木、葉挿し			―	―	―				―	―	―	
肥料			―	―	―				―	―		

〘 日々のお世話 〙

水やり・肥料

春と秋の生育期は、土の表面が乾いたらたっぷりと水を与える。梅雨時期〜夏場は、乾かしぎみにして過湿に注意。株の中心に水滴がたまったままだと生長点を傷めるので、ためないように気をつけて。肥料は、生育期の初期に緩効性肥料か液体肥料を与える。秋に肥料分が多いと、きれいな紅葉がのぞめないので控えめに。

置き場所

日当たりと風通しのよいベランダなどで管理。長雨に当てないよう、軒下がベスト。真夏は半日陰になる場所か、遮光をして強光をやわらげて。霜が降りるころには屋外でも寒風の避けられる簡易フレームに入れるか、室内で管理する。

植え替え・剪定

植え替えの適期は、生育期の初期。根鉢はやさしくもみほぐし、軽く土を落とす。元肥として緩効性肥料を混ぜ込んだ水はけのよい新しい培養土に植え付ける。葉を覆う白い粉になるべく触れないように気をつけて。樹形が高くなってしまった株は低く切り戻し、仕立て直しを行ってもよい。

増やし方

挿し木と葉挿しで増やせる。仕立て直しでカットした茎は、挿し木に利用する。ポロッときれいに取れた葉は、葉挿しに。乾いた用土の上に置き、明るい日陰で3〜4週間したら発根する。根が出たら、4〜5日に一度水やりを。徐々に新芽が出始め、ある程度生長したら鉢に植える。

葉の間に水をためない

水やり後、葉と葉のすき間に水滴をためたままにしておくと、とくに夏は葉が傷んだり、病気の原因になったりするので注意を。鉢をそっと傾け、水滴をしっかり落とすとよい。

葉挿しで増やす

葉を用土の上に置いて明るい日陰で管理すると、葉の付け根にある生長点から発根し、やがて新芽も出て生長する。写真は4月に葉挿しをし、それから約2か月後。小さいながらも親株と同じ姿に育っている様子が愛らしい。

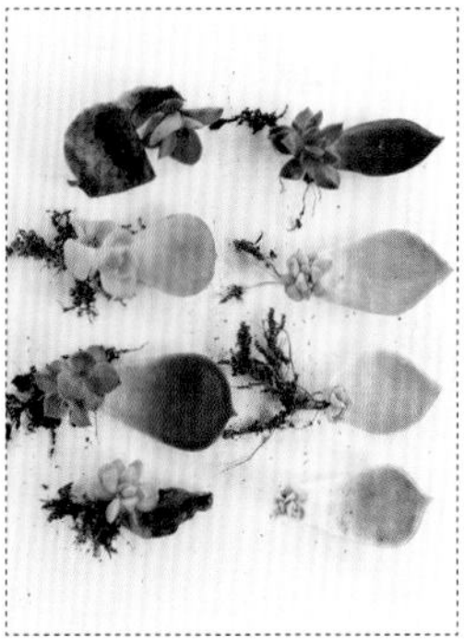

〖 切り戻す／挿し木をする 〗

ロゼット型をキープしながら生長し、古くなった外葉は枯れていきます。枯れ葉を取ると軸のような茎が出現します。切り戻して挿し木で仕立て直す方法を紹介しましょう。

BEFORE

AFTER

1

枯れている外葉を手で取る。軽く引っ張るか、横にやさしく動かすと簡単に取れる。

2

枯れ葉をすべて取り除いた状態。軸のような茎が見える。

3

地際より少し上で茎の部分をはさみで切る。切った上部を挿し穂にする。

4

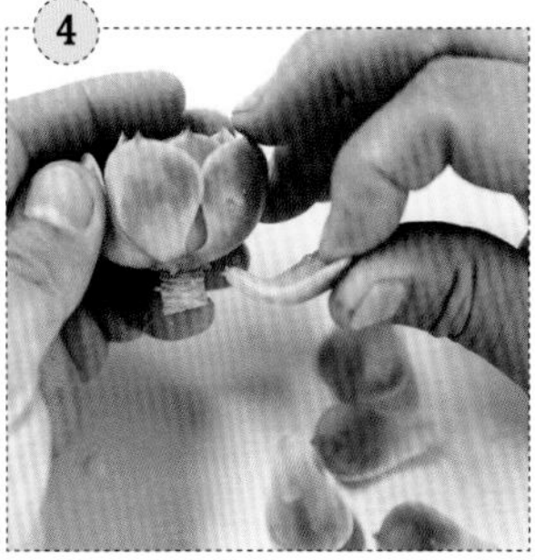

茎の長さが2～3㎝あると挿しやすいので、下の葉を手で取る。日陰で1週間ほど切り口を乾かす。

5

新しい培養土（乾いた状態で使用）に、茎をまっすぐに挿す。2～3週間で発根する。水やりは、発根してから与え始める。

6

4で取った葉を乾いた培養土に少し離しぎみに並べ、明るい日陰に置く。水は与えない。3～4週間で発根し、左ページの「葉挿しで増やす」のような芽が出始める。

ハオルチア
Haworthia

上段左から、透明な窓が美しいオブツーサの交配種《ミラーボール》、白い短毛をまとっている《紫オブツーサ×ベヌスタ》、中段左から、窓に白い斑点が入る《ピクタ深海白銀》、《オブツーサ》、下段左から《紫振殿》、三角形の葉が星形のロゼットを形成する《宝草》。
※品種の紹介はp.90～91。

BASIC DATA

学名：*Haworthia*
科名：ツルボラン科
属名：ハオルチア属
別名：クリスタルプラント、砂漠の宝石
原産地：南アフリカ
生育型：春秋型
増やし方：株分け、葉挿し

自生地の南アフリカでは、岩の陰や藪の中、木の根元などにひっそりと生息しているため、ハオルチアは直射日光に弱く、明るい室内の窓辺などを好みます。
葉が柔らかく透明感のある「軟葉系」と、葉の硬い「硬葉系」に大別されます。
どちらのタイプの葉もロゼット型に育ち、放射状に展開する姿は美しく人気。
葉全体や葉脈に入る模様、葉先の“窓”の透過具合など、個性の違いも楽しめます。
大きくても直径15㎝ほどのサイズがほとんど。親株の脇に子株が出て群生するので、株分けして増やせます。新しい園芸品種を作り出すための交配も盛んです。

〚 ハオルチアの特徴 〛

葉先に半透明な〝窓〟をもつ

「軟葉系」の一種は、葉の先端に“窓”と呼ばれる半透明な部分がある。物陰に隠れるように育つ自生地で、効率よく光を取り込むために進化し、この形に。光にかざすと輝いてきれい。写真は《オブツーサ》。

葉の縁に〝レース〟をまとう

葉の縁の細かいトゲ（鋸歯）が細長く伸びて、まるで白いレースのように見える。これも「軟葉系」の一種。写真は《ボルシー×アラネア》。

春から初夏、秋から冬は小花も

株元から細長い花茎を伸ばし、可憐な一重の小花を縦につける。花色は白やピンクなど。株が弱るので、数輪咲いたら花茎を株元から3㎝ほど残して切り、花茎が完全に枯れたら引き抜く。

ツンツン尖った硬い葉をもつ

「硬葉系」は、細長くシャープな雰囲気が持ち味。葉にドットや縞模様が入ることが多い。写真は、鮮やかな緑葉に白い点線模様の《アテヌアータ》（左）と、濃い緑葉に白い水玉が映える《星の林》（右）。

〖 栽培カレンダー 〗

	1月	2月	3月	4月	5月	6月	7月	8月	9月	10月	11月	12月
生育時期（生育期・休眠期）	━	半休眠期 ━	━	━	生育期 ━	━	━	半休眠期 ━	━	━	生育期 ━	━
開花			━	━	━	━	━		━	━	━	━
植え替え、株分け、葉挿し			━	━	━				━	━	━	
肥料			━	━	━				━	━	━	

〖 日々のお世話 〗

水やり・肥料

生育期は、土の表面が乾いたらたっぷりと水をやる。比較的水を好むので、乾かしすぎに気をつけて。ただし、夏と冬は控えめに。肥料は、薄めの液体肥料を1か月に一度くらい与える。植え替え時に、緩効性肥料を元肥として混ぜ込むとよい。

置き場所

日当たりと風通しのよいベランダのような屋外がよい。基本的に日光を好むが、強い光が苦手。5月ごろから半日陰に置き、葉焼けに注意する。室内の窓辺などでも育てられる。冬は霜が降りるころになったら、寒風の避けられる簡易フレームに入れるか、室内での管理に。比較的寒さに強いが、凍結に気をつける。

植え替え

植え替えは生育期の初期に行う。子株ができて群生して育つので、植え替えと同時に株分けしてもよい。白い根は健康な根なので残し、褐色の古い根は取り除き、植え替える。

増やし方

株分けと葉挿しで増やせる。株分けはやさしく土を落とし、根を傷めないように行う。無理に分けすぎないように気をつける。葉挿しは、葉の付け根部分を必ずつけて茎から外す。切り口に発根促進剤をつけて乾かすとよい。株分けも葉挿しもなるべく生育期の初期に行いたい。

室内の水やりはメリハリをつけて

弱い光で育つので、室内の窓辺栽培にも適している。生育期の水やりは、表土が乾いたら鉢底から流れ出るまでたっぷりと。半休眠期は控えぎみに。水は直接葉にかけず、土にかけると葉焼けが防げる。写真は左から《玉扇》、《ウンブラティコラ》、《雪姫レッツーサ》、《オブツーサ》。

〖 子株を分ける 〗

ハオルチアは生育が早く、親株の脇に子株をつけて群生します。
1年に一度、生育期の春か秋に、植え替えと同時に子株分けを行いましょう。写真は《祝宴》。

BEFORE

AFTER

1

白くて太い根は新しいので傷めないようにしながら、根鉢をやさしくほぐす。古い根は用土と一緒に落とす。

2

子株が自然に分かれるところを探り、親株から取り外すように分ける。

3

子株が親株から取れなければ、折るように取り外しても大丈夫。子株の根は切れても置いておけば出てくる。

4

株元に枯れた葉がついていたら、取り除く。横に引っ張るようにするときれいに取れる。

5

親株（左）と取り外した子株2つ。これらを別々の鉢に植える。

6

鉢に新しい培養土を入れ、株をひとつずつ植え付ける。植え付け後、鉢底から流れ出るまでたっぷりと水をやる。

カランコエ
Kalanchoe

産毛に覆われた細長い葉は、兎の耳のよう。その姿から兎にちなんだ名前をもつ品種は多く、大半がトメントーサ種の仲間。写真左から、茶色い葉の《ブラウンバニー》、葉の縁にこげ茶が点々と入る《黒兎耳》、黄色い産毛が光に当たると黄金色に見える《ゴールデンラビット》。
※品種の紹介はp.92～94。

BASIC DATA

学名：*Kalanchoe*
科名：ベンケイソウ科
属名：カランコエ属
別名：リュウキュウベンケイ
原産地：マダガスカル、南アフリカ、インド、マレー半島、中国
生育型：夏型
増やし方：株分け、挿し木、葉挿し

原種は約140種で、そのうち120種ほどはマダガスカルを中心に生育しています。
葉の表面に産毛が生えていたり、斑点模様が入っていたり、
ビロードのような質感だったり、踊っているように見える形の葉だったり、
葉の縁に小さな子株をつけたりするなど、個性的な品種が多く、バリエーション豊富です。
草丈10㎝ほどの小さな株から約3mの低木になるものまでサイズもいろいろ。
生育旺盛で育てやすいのですが、多肉植物の中でもとくに寒さに弱いので注意が必要。
日照時間が短くなると花を咲かせる短日性という性質をもっています。

〖 カランコエの特徴 〗

葉の表面には産毛がびっしり

葉の表面が産毛に覆われているタイプ。代表種が写真の《月兎耳》で兎シリーズのひとつ。産毛は強い日差しから葉を守るためだが、水が付着しやすい。そのまま直射日光に当てると葉焼けの原因に。

葉の縁に多数の生長点がある

葉の縁の鋸歯部分（ギザギザのくぼんでいるところ）にひとつずつ生長点があり、そこから新芽が出て葉の周りに連なる姿はユーモラス。やがて子株へと生長していく。写真左から《不死鳥》と《子宝草》。

赤紫色のまだら模様がユニーク

肉厚の緑葉に、赤紫色のまだら模様が入る個性派。水分が多いと模様がきれいに入らなくなる。葉を楽しむなら、小さく仕立てるほうがおすすめ。写真左から、《フミリス》と《江戸紫》。

秋が深まると紅葉する品種も

秋、気温の低下とともに葉色が紅葉する品種も。写真は《冬もみじ》。春になり気温が上昇すると、徐々に元の葉色に戻る。開花期間は冬から春なので、紅葉と花の両方が楽しめることも。

〖 栽培カレンダー 〗

	1月	2月	3月	4月	5月	6月	7月	8月	9月	10月	11月	12月
生育時期（生育期・休眠期）	━	休眠期	━	━	━	━	生育期	━	━	━	生育緩慢期	━
開花	━	━	━	━	━							
植え替え、株分け、挿し木、葉挿し				━	━	━			━			
肥料				━	━	━			━			

〖 日々のお世話 〗

水やり・肥料

生育期は、土の表面が乾いたらたっぷりと水やりをする。夏は乾かしぎみの管理。寒さに弱く、冬は水が多いと株が弱るため、断水するか、霧吹きで月に2〜3回程度と乾かしぎみを保ち、株を休ませる。肥料は、生育期の初期に緩効性肥料をやり、薄めの液体肥料を1か月に一度与える。

置き場所

生育期は、日当たりと風通しのよいベランダのような屋外に。梅雨時の長雨に当てない。真夏の強光は葉焼けの原因になるので、半日陰になる場所に移動させる。多肉植物の中でも最初に寒さの被害を受けやすいので、11月下旬には5℃以下にならない室内栽培に切り替える。

植え替え・剪定

根は細く柔らかいので、根が鉢いっぱいに回ると水はけが悪くなり、根腐れを起こしやすくなる。1年に一度は植え替えをし、同時に切り戻しも行うとよい。花が咲く品種は花後に切り戻しを行う。植え替え時、根鉢はやさしくもみほぐすことで、新しい土とのなじみもよくなる。

増やし方

株分け、挿し木、葉挿しで増やせるが、挿し木が一般的。切り戻しでカットした茎を挿し木に使う。2〜3節ほどの長さで切って下葉を取り、切り口を半日陰で1週間ほど乾かしてから用土に挿す。明るい半日陰で管理すると、3〜4週間で根が出る。取り除いた葉で葉挿しもできる。

生長点から子株が続々誕生

葉の縁の鋸歯部のくぼみひとつずつに生長点をもつ《錦蝶》（左）や《不死鳥》（中央）、《子宝草》（右）などは、葉先から子株が出て、なんともユニークな姿に。子株が膨らんだら、親株から外して用土に置くと、根が出て生長する。

土に落ちた子株が生長！

ある程度生長した子株は、触れると簡単に外れるので、自然に土に落ちて育つことも。子株も夏に生育旺盛になるが、蒸れに弱い。写真はその名も《子宝草》。

〘 挿し木をする 〙

生育期の4～9月（真夏の7～8月は除く）に行います。
切り戻しの際にカットした茎を挿し穂として利用すると、無駄がありません。

1

茎を2～3節の長さで切り揃え、土に挿しやすいように下葉を取る。1週間ほど半日陰で切り口を乾かす。長期間放置すると茎が曲がってくる。

2

新しい培養土（乾いた状態）に**1**をまっすぐ挿す。

3

1鉢に4本ずつ挿した状態。風通しのよい明るい半日陰で管理すると、3～4週間で発根する。発根したら水をやり始める。

取り除いた下葉は葉挿しに

挿し木の際に取り除いた元気のよい下葉は、乾いた用土の上に置くだけで準備完了。風通しのよい明るい日陰で管理すると、根や芽が出てきて、徐々に生長していく。

切ったところから新芽が出る

挿し木のために切った《胡蝶の舞》（左）の切り口の脇をよく見ると、葉の付け根から新芽が出ているのがわかる。白い産毛に覆われた《福兎耳》（右）は、株の中央から茶色い新芽が出現してきている。

ユーフォルビア
Euphorbia

BASIC DATA

学名：*Euphorbia*
科名：トウダイグサ科
属名：ユーフォルビア属
原産地：アフリカ、マダガスカル
生育型：夏型（一部冬型もあり）
増やし方：株分け、挿し木

世界中に分布する大きなグループで、多肉植物としては500～1000種が知られています。
さまざまな地域に自生し、それぞれの環境に適応して進化してきたため、
育ち方もフォルムも多様で個性的。サボテンのようなトゲがあり、
柱のように育つもの、球状に育つもの、塊根を形成するものなど、魅力は尽きません。
夏型と冬型がありますが、本書では品種も豊富に揃う夏型のみを取り上げています。

〖 ユーフォルビアの特徴 〗

全身にトゲをもつタイプ

サボテン？と見間違えるほどトゲのあるものも多い。写真は《紅彩閣》。サボテン科は、トゲの付け根に刺座《しざ》と呼ばれる白い綿毛のような部分があるが、ユーフォルビアは茎から直接トゲが出る。

切り口から白い樹液が出る

茎や葉、根を切ると、切り口から白い樹液が出てくる。有毒で、皮膚につくとかぶれることがあるので要注意。挿し木にするときは、切り口を流水でよく洗い流してから乾かすこと。写真は《怪魔玉》。

花のように見えるのは〝苞〟

写真は《ラザフィンドラシア》の花。黄色い花びらのように見える部分は、葉が変化した“苞《ほう》”。色や形が長く残るので、２か月近く楽しめる。本当の花はとても小さく、苞の中にある。

サボテンに似たユーモラスな風貌が愛らしい。写真左から、枝にトゲがあり、細長い葉が特徴の《ラザフィンドラシア》、色素が抜けて白っぽい《白樺キリン》、《オベサブロウ》、《笹蟹丸》、赤いトゲが印象的な《紅彩閣》、《アノプリア》、パイナップルのような形の《怪魔玉》。※品種の紹介はp.95。

〘 栽培カレンダー 〙

	1月	2月	3月	4月	5月	6月	7月	8月	9月	10月	11月	12月
生育時期（生育期・休眠期）	―	休眠期	―	―	―	―	―	生育期	―	―	―	休眠期
開花					―	―	―					
植え替え、株分け、挿し木					株分け・挿し木	―						
					―	―	―	植え替え	―	―		
肥料					―	―	―	―	―	―		

＊本書では夏型のみの情報を掲載。

〘 日々のお世話 〙

水やり・肥料

夏型とはいえ、春も秋もともに旺盛に育つので、生育期は用土が乾いたらたっぷりと水をやる。寒さに弱いので休眠期は乾かしぎみに。ただし、完全に乾かさないように気をつけること。4月下旬〜10月に、薄めた液体肥料を月に一度程度与える。

置き場所

雨が避けられる屋外の軒下で、日当たりと風通しのよい場所に置く。寒さに弱い種類が多く、冬は室内の日の当たる5℃以上の場所で管理。

植え替え・剪定

植え替えは、寒さの心配のない4月下旬〜10月に行う。葉やトゲに傷がつくと白い樹液が出て、触れるとかぶれる場合があるので気をつけて。植え替え時に、込みすぎた枝や子株の剪定を行っても。

増やし方

4月下旬〜6月に挿し木や株分けで増やせる。剪定でカットした枝や子株を利用しても。その際、切り口から出る白い樹液は水で洗い流し、1週間ほど日陰で切り口を乾かし、乾いた用土に挿す。サボテンのように胴切り（p.33下）を行ってもよい。

サボテン
Cactus

BASIC DATA

英名：*Cactus*
科名：サボテン科
属名：オプンティア属、エキノプシス属、セレウス属など各々で異なる
別名：カクタス、仙人掌《せんにんしょう》、覇王樹《はおうじゅ》
原産地：南アメリカ、北アメリカ、中央アメリカ
生育型：夏型
増やし方：株分け、挿し木

上段左から、柱サボテンの仲間、セレウス属で褐色のトゲをもつ《金獅子》、エキノセレウス属で紫色のトゲが美しい《紫太陽》、エキノプシス属の代表種《短毛丸》。下段左から、白い毛に覆われた柱サボテンの仲間、エスポストア属の《老楽》、平たい団扇状の茎をもつオプンティア属の《デブレッチ》。
※品種の紹介は p.96 ～ 97。

南北アメリカ大陸を中心に2000種以上ある、サボテン科に属する植物の総称です。
砂漠地帯や冷涼な高山地帯など、他の植物が育ちにくい過酷な環境で生育できるよう
さまざまな気候と地形に適応し、独自に進化したため多くの属があり、性質も多様です。
多肉化した茎の形から、団扇《うちわ》サボテン、柱サボテン、玉サボテンなどと分類されることも。
トゲは葉の一部の托葉《たくよう》が変化したものと考えられており、トゲのない品種もあります。

〘 サボテンの特徴 〙

トゲと刺座がある

トゲの付け根にある、白い綿毛のような部分が刺座《しざ》で、短く退化した枝が変形したもの。トゲのない品種にもある。托葉がトゲに変化することで、葉から蒸散する水分量を抑える効果があるとか。写真は、ギムノカリキウム属の《新天地》。

白い毛に覆われる

全体を覆う白い毛は、トゲが変化したもの。特徴的な長い毛は、直射日光を避ける日よけの役割のほか、雨よけ、1日の寒暖差をやわらげる働きがあるといわれている。写真は、エスポストア属の《幻楽》。

〘 栽培カレンダー 〙

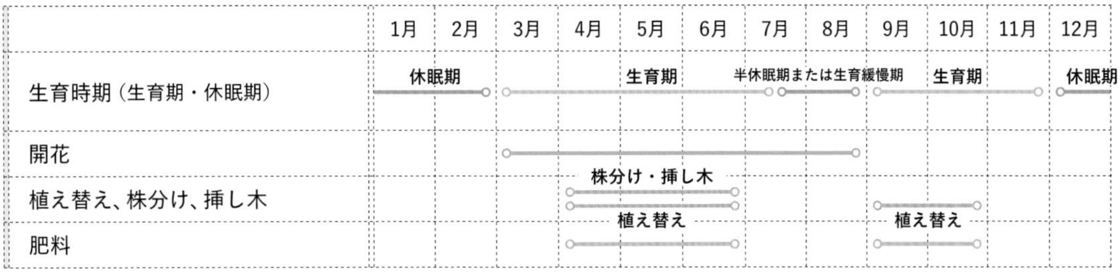

〘 日々のお世話 〙

水やり・肥料

生育期は、用土が乾いたらたっぷりと水をやる。半休眠期または生育緩慢期の夏は乾かしぎみで1週間に一度程度。休眠期の冬は断水するか、月に一度霧吹きで水やりをする。肥料は、春と秋に1か月に一度を目安に薄めた液体肥料を与える。

植え替え・剪定

生長が早いものが多いので、1〜2年に一度、生育期の前半にひと回り大きい鉢に植え替える。鋭いトゲがあるものはピンセットや厚手の手袋があると作業しやすい。徒長したり、背丈が高くなったりした場合は、胴切り*をして樹形を作り直してもよい。

置き場所

3〜11月は、できるだけ戸外の日当たりと風通しのよい場所に置くとよい。戸外で越冬できる種類もあるが、寒風を避けた簡易フレームに入れるか、日当たりのよい室内で管理すると安心。

増やし方

子株ができて群生している種類は、株分けで増やせる。株分けしたら、風通しのよい半日陰で10日ほど乾かしてから植え付ける。植え付け後、たっぷりと水やりをする。

＊胴切りについて

主軸の茎（胴）の部分をカットすること。その場合、株元の木質化した部分ではなく、比較的若いところを切る。大きい株はカッターナイフなどでスパッときれいに切るとよい。切った根元の縁から子株が出てきて育つ。切った上部の茎は、切り口を１〜２週間しっかりと乾かしてから乾いた用土に挿す。

アガベ

Agave

左上から時計回りに、葉の縁の細かいトゲ（鋸歯）が恐竜のつま先を思わせる《ピグマエア‘ドラゴントゥース’》、細い葉が放射状に広がる《吹上》、濃い青緑色の葉とその周りを縁取る褐色の斑《ふ》の対比が美しい《ブルーグロー》、白い糸状の繊維がカールする《滝の白糸》。

※品種の紹介は p.98。

BASIC DATA

学名：*Agave*
科名：キジカクシ科
属名：アガベ属
別名：竜舌蘭《りゅうぜつらん》、センチュリープラント
原産地：アメリカ南部、中南米
生育型：夏型
増やし方：株分け、挿し木

高温で乾燥した大地で育まれたアガベは、ワイルドな姿が鮮烈で人気のある品種。
ロゼット状に広がる葉は形も大きさも違いますが、いずれも先にいくほど鋭角的になり、
トゲとの組み合わせが魅力的。直径4mになる大型種もあります。
開花までに10年以上かかり、品種によっては一生に一度といわれるくらい時間がかかるため、
「センチュリー・フラワー」と呼ばれるほど。花後、その株は枯れてしまいます。

〘 アガベの特徴 〙

フィラメントをもつ

葉の縁に白い糸状の繊維質の毛をもつタイプもある。この糸状の毛を「フィラメント」と呼ぶ。写真は《滝の白糸》。

先端に鋭いトゲをもつ

トゲの形やつき方はさまざまで、美しい造形美を作り出す。肉厚な葉の先端に鋭いトゲをもつ品種は多く、写真は《ピグマエア'ドラゴントゥース'》。

〘 栽培カレンダー 〙

	1月	2月	3月	4月	5月	6月	7月	8月	9月	10月	11月	12月
生育時期（生育期・休眠期）	休眠期	休眠期	生育期	生育期	生育期	生育期	生育期	生育期	生育期	生育期	生育期	生育緩慢期
開花							━	━				
植え替え、株分け、挿し木			━	━					━	━		
肥料				━	━	━						

〘 日々のお世話 〙

水やり・肥料

生育期には、土の表面が乾いたら水を与える。夏場（7～8月）の多湿は苦手なので乾燥ぎみに管理し、株を休ませて。冬場の休眠期には、月に一度程度、少量の水を与える。生育期の初期（4～6月）に、薄めの液体肥料を月に一度与える。

置き場所

高温と乾燥を好むので、日当たりがよく雨の避けられる風通しのよい場所に置く。寒さに強い品種も多く、戸外で越冬できるものも。霜に当たると傷むので簡易フレームに入れるか、室内に移動して強い寒さから守る。

植え替え

植え替えは、春か秋の初期に行う。2～3年に一度が、植え替えの目安。鋭いトゲがある品種は、厚手の手袋をして作業するとよい。

増やし方

親株の周りに子株ができたら、株分けして増やせるが、大株になると子株はできにくくなる。春か秋の初期に、植え替えと同時に行ってもよい。なるべく根を多くつけて親株から外し、乾いた用土を入れた別の鉢に植え付ける。水やりは、植え付けの1週間後から始めて。

BASIC DATA

学名：*Aloe*
科名：ツルボラン科
属名：アロエ属
別名：ロカイ、医者いらず
原産地：アフリカ、マダガスカル、アラビア半島
生育型：夏型
増やし方：株分け、挿し木

アロエ
Aloe

後列左から、枝分かれしやすい《ラモシッシマ》、パウダーブルーの葉を縁取る赤いトゲが印象的な《カピタータ》、マダガスカル産の《エクシミア》。前列左から、葉が扇のように広がる《スプラフォリアータ》、白い斑点が美しい《ファイアーバード》、自生地では高さ10m以上にもなるアロエの近縁《ディコトマ》。
※品種の紹介はp.99。

薬効のある《キダチアロエ》や食用になる《アロエ・ベラ》などが古くから親しまれており、関東以西なら庭植えで育てられるほど丈夫。花も美しく、多くの種類が冬に開花します。高さ5cmほどの小型種から、10m以上の大木に育つ木立ち性まで、500以上の種類があり、個性的な株姿のもの、葉の形や模様が魅力的なものなど、変化に富んでいます。《ディコトマ》のように幹立ちする大型種のグループは、ツリーアロエとも呼ばれます。

〘 アロエの特徴 〙

ロゼット型と扇形

葉の展開の様子に注目。写真下《ディコトマ》のように、ロゼット型に広がるタイプのほか、写真上《スプラフォリアータ》のように、扇が広がったように見えるタイプもあり、おもしろい。

葉の縁全体にトゲ

トゲの生え方も多種多様。トゲのない品種もあれば、写真の《カピタータ》のように葉の縁にびっしり生えるタイプも。トゲの色や大きさも品種ごとに異なり、魅力的。

葉の中はゼリー状

肉厚な葉を切った、断面の様子。ゼリー状の組織に水分を蓄えているのがわかる。

〘 栽培カレンダー 〙

	1月	2月	3月	4月	5月	6月	7月	8月	9月	10月	11月	12月
生育時期（生育期・休眠期）	休眠期	休眠期	生育期	生育期	生育期	生育期	生育期	生育期	生育期	生育期	生育期	生育緩慢期
開花	○	○										○
植え替え、株分け、挿し木				○	○	○			○	○		
肥料				○	○	○			○	○		

〘 日々のお世話 〙

水やり・肥料

生育期は用土が乾いたら、たっぷりと水やりする。梅雨時期から真夏は蒸れに注意し、乾かしぎみに。冬、寒さに弱い品種は断水し、寒さに強い品種は乾かしぎみに管理する。肥料は春と秋に、薄めの液体肥料を月に一度程度与える。

置き場所

1年を通して日当たりと風通しのよい場所に置く。耐寒性のある品種はベランダなど戸外で越冬できるが、凍らせないように注意。寒さに強くない品種は葉の縁が傷まないよう、寒風や霜を避けた簡易フレームに入れるか、室内に取り込むとよい。

植え替え・剪定

春と秋の初期が植え替えの適期。トゲに注意して作業を。同時に剪定して樹形を整えても。そのまま大きく育ててもよいが、剪定して新しい芽を出させるにはいい時期。植え替え時、傷んだ茶色い下葉は取り除く。横にひねるときれいに取れる。

増やし方

親株の周りに子株ができていたら、植え替え時に株分けをして増やせる。春と秋の初期、植え替えの際に剪定した枝を挿し木にしても。切り口を半日陰で1週間〜10日ほどよく乾かして、乾いた新しい土に挿す。1週間ほどしたら、水やり開始。

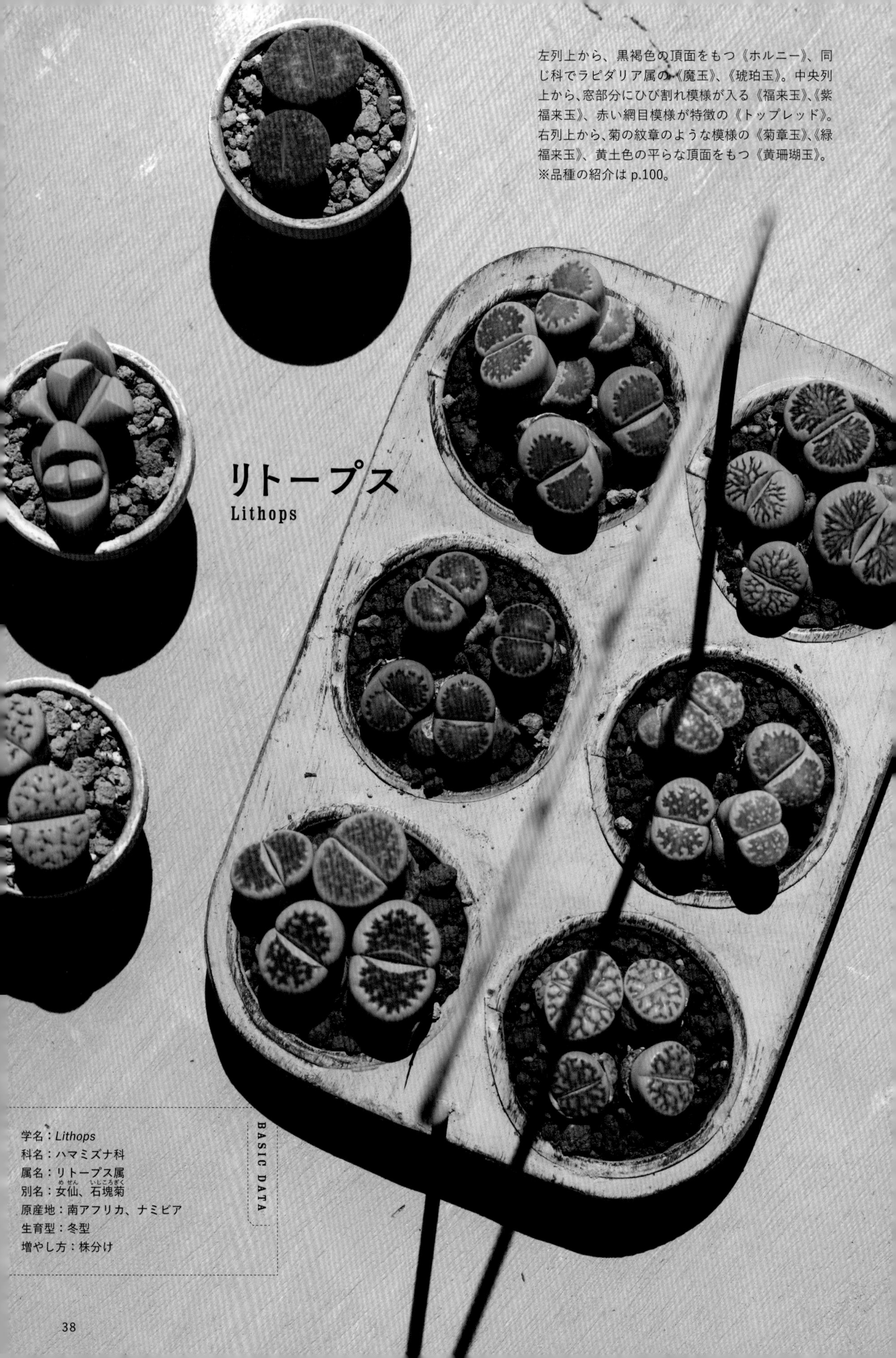

左列上から、黒褐色の頂面をもつ《ホルニー》、同じ科でラピダリア属の《魔玉》、《琥珀玉》。中央列上から、窓部分にひび割れ模様が入る《福来玉》、《紫福来玉》、赤い網目模様が特徴の《トップレッド》。右列上から、菊の紋章のような模様の《菊章玉》、《緑福来玉》、黄土色の平らな頂面をもつ《黄珊瑚玉》。※品種の紹介は p.100。

リトープス
Lithops

BASIC DATA

学名：*Lithops*
科名：ハマミズナ科
属名：リトープス属
別名：女《め》仙《せん》、石塊菊《いしころぎく》
原産地：南アフリカ、ナミビア
生育型：冬型
増やし方：株分け

自生地は、南アフリカの乾燥した砂礫地帯。動物に食べられないよう、環境に合わせて石に擬態した結果、一対の葉と茎が合体したこの独特のフォルムに進化したといわれています。頂面には模様の入った透明な“窓”と呼ばれる部分があり、そこから光を吸収するのが特徴。赤や茶褐色、緑、黄色など、さまざまな色合いと模様があり、その美しさから「生きた宝石」とも。基本は約40種ながら変異種が多く、コレクターも多くいます。

〘 リトープスの特徴 〙

春先に脱皮する

1年に一度の脱皮を繰り返して生長する。春、葉にシワが寄ってきたら脱皮開始の合図。古い葉が2つに割れてめくれ、中から新しい葉が顔をのぞかせる。やがて古い葉は皮のように下に縮み、新しい株が出てくる。

株分けで増やす

地上部を見ると石のような平たい形だが、地下部の土をほぐすと縦長の愛らしい形が顔を出す。傷んだ根と株元に残る脱皮殻なども取り除き、両方の株の根が均等になるようそっと分ける。

〘 栽培カレンダー 〙

	1月	2月	3月	4月	5月	6月	7月	8月	9月	10月	11月	12月
生育時期（生育期・休眠期）	生育期	生育緩慢期	―	脱皮	―	休眠期	―	―	―	生育期	―	―
開花	―									―	―	―
植え替え、株分け										―	―	
肥料										―	―	

〘 日々のお世話 〙

水やり・肥料

10〜12月は土の表面が乾いたらたっぷりと。1〜3月は表土が乾いたら表土を湿らす程度。4〜5月、脱皮が始まったら乾かしぎみに。やりすぎると、新芽も脱皮する二重脱皮が起こる。6〜8月は基本的に断水。月に2〜3回、夕方の涼しい時間帯に霧吹きで表土を湿らすとよい。肥料は10〜11月に、薄めた液体肥料を1か月に一度程度与える。

置き場所

日当たりと風通しがよく、雨の当たらない軒下で管理。蒸れに弱いので、夏は遮光するか、半日陰になる場所に移動。冬は5℃以下になる場所は避け、日当たりのよい室内で乾かしぎみに育てる。

植え替え

植え替えは2〜3年に一度で、適期は10〜11月。根鉢の土をやさしく落とし、傷んだ根と株元に残った脱皮殻などを取り除く。1週間ほど日陰で乾かし、緩効性肥料を少量加えた乾燥した用土に植え付ける。1週間後から徐々に水やりを始める。

増やし方

植え替えと同じ10〜11月に株分けで増やす。植え替えと同じく、根鉢の土を落とし、脱皮殻などを取り除く。両方の株に根が均等になるよう、やさしく株を分ける。約1週間日陰で乾かし、乾燥した用土に植え付け、1週間後から水やりを。

森林性のサボテンと呼ばれる。左上から時計回りに、細長い四角い茎が特徴の《キルベルギー》、米粒のような茎が節ごとにつながった《ケレウスクラ》、細長い茎が分枝して枝垂れる《カピリフォルミス》、上に伸びる、ハティオラ属の《サリコルニオイデス》、枝が密について茂る《メセンブリアンテモイデス》。
※品種の紹介は p.101。

リプサリス
Rhipsalis

BASIC DATA

学名：*Rhipsalis*
科名：サボテン科
属名：リプサリス属
別名：イトアシ、マツカゼ
原産地：中南米
生育型：春秋型
増やし方：株分け、挿し木

サボテンの仲間ですがトゲはなく、もともとは熱帯雨林の樹上や岩に着生して育ちます。
そのため弱い光が好きで、直射日光は苦手。育てる場所は明るい日陰が適しています。
紐のように長く伸びる茎にはたくさんの節ができ、ポキポキと折れ曲がって
奔放に伸びる姿は躍動感があります。伸びすぎた茎は、節の部分でカットして整えましょう。
茎の先端をよく見ると、“チョキ”の形に分枝しており、その姿形は愛嬌たっぷり。

〖 リプサリスの特徴 〗

重みで自然と垂れ下がる

竹のような節をもつ茎は、生長とともに重みで枝垂れてくる。吊り鉢などに植えて飾るときれい。写真は《カピリフォルミス》。窓際に飾る際は、茎が太陽に向かって伸びるので、鉢を少しずつ回転させると偏らず、均等に育てられる。

おしゃれな変わり種

細長い茎が一般的だが、幅広で平たい葉のような茎をもつ個性派もあり、おしゃれ。写真は《エリプティカ》。新芽は赤茶色で、緑とのコントラストが美しい。

〖 栽培カレンダー 〗

	1月	2月	3月	4月	5月	6月	7月	8月	9月	10月	11月	12月
生育時期（生育期・休眠期）	―	休眠期	―	―	生育期	―	生育緩慢期	生育緩慢期	―	生育期	―	生育緩慢期
開花									―	―		
植え替え、株分け、挿し木				―	―	―			―	―		
肥料				―	―	―			―	―		

〖 日々のお世話 〗

水やり・肥料

生育期には、土の表面が乾いたらたっぷりと。夏の高温期は蒸れて根腐れの原因になるので、水やりを控え、乾かしぎみに管理。冬は2週間に一度程度の軽めに。室内で乾燥が気になる場合は、霧吹きでスプレーしても。肥料は4～6月と9～10月に、薄めた液体肥料を月に一度程度与える。

置き場所

ジャングルの中の木陰に生息するため、直射日光が苦手で半日陰を好む。強い日差しを避けた半日陰の軒下か室内に置くとよい。冬は5℃以下にならないよう、室内での管理が安心。

植え替え・剪定

植え替えは1～2年に一度のペースで。夏と冬は避け、春は4～6月か、秋は9～10月に行う。伸びすぎた茎は節の上の好きな部分をカットして整えてよい。剪定は一年中いつでもできる。

増やし方

株分けと挿し木で増やせる。適期は植え替えと同時期で、暑さと寒さを避けて。植え替え時に剪定した枝は、挿し木に使える。7～8㎝ほどの長さでカット（切るのは節の上の部分）し、2週間ほど日陰で切り口を乾かし、乾いた新しい用土に挿す。その後、4～5日したら水やりを始める。

クラッスラ
Crassula

葉の表情も育ち方も違う個性派揃い。左上から時計回りに、上から眺めると緑の十字が浮かび上がる《南十字星》、燃え上がるような紅葉が魅力の《火祭り》、赤く縁取られた三角形の葉を塔のように重ねた《星の王子》、春先に赤い花茎に白い花を咲かせる《紅稚児》。
※品種の紹介は p.102 ～ 105。

BASIC DATA

学名：*Crassula*
科名：ベンケイソウ科
属名：クラッスラ属
原産地：南アフリカ、マダガスカルなど
生育型：春秋型（一部夏型、冬型もあり）
増やし方：株分け、挿し木

種類が非常に豊富で、南アフリカを中心に原種だけでもおよそ300種はあるといわれています。
小型で群生する、柱状に伸びる、塔のように生長する、木立ち性など、育ち方はもちろん、
米粒形、三角形、楕円形など、葉の形も大きさもさまざまで、多様性が楽しめる属です。
品種によって生育型が異なり、春秋型、夏型、冬型の3つがありますが、
大半を占めるのは、春秋型。小型のタイプが多く、秋から冬にかけて紅葉が美しい品種も。

〘 クラッスラの特徴 〙

十字形に葉を重ねる

上から見ると、三角形の葉を十字に美しく重ねているのがよくわかる。葉が十字になるよう、交互に重なるのも特徴のひとつで、品種名に「星」がつくのもこのタイプ。写真は《ルペストリス》。

柱状に育つ変わり品種

小さな葉が積み重なり、上へ上へと伸びて柱のような姿に生長する。品種によって柱の太さに違いが。細いのが、写真左の《若緑》。右の《ムスコーサ》はがっしりと太め。

〘 栽培カレンダー 〙

	1月	2月	3月	4月	5月	6月	7月	8月	9月	10月	11月	12月
生育時期（生育期・休眠期）	休眠期 ━	━	━	生育期 ━	━	━	休眠期 ━	━	━	生育期 ━	━	生育緩慢期 ━
開花				━	━	━	━	━	━	━	━	━
植え替え、株分け、挿し木			━	━	━				━	━		
肥料			━	━	━				━	━		

＊本書では春秋型の情報のみを掲載。

〘 日々のお世話 〙

水やり・肥料

春と秋は、土の表面が乾いたらたっぷりと水やりをする。夏（7～8月）は乾かしぎみにし、用土が乾いてから4～5日後に。冬（1～2月）も乾燥ぎみにし、葉がシワシワになったら軽く与える。肥料は、生育期の初期3～5月と9～10月に薄めの液体肥料を月に一度与える。

置き場所

日当たりと風通しのよいベランダや軒下で。梅雨の長雨を避けて。真夏の強光は葉焼けが心配なので半日陰で。厳寒期は室内での栽培が安心。

植え替え・剪定

植え替えは1～2年に一度、適期は生育期の初期。根詰まりを防いで水はけよく管理できるよう、生長に合わせて行うとよい。根鉢をやさしくほぐし、1/3程度土を落とし、ひと回り大きい鉢に新しい用土で植え付ける。伸びて乱れた株は切り戻す。植え替えと同時に行ってもよい。

増やし方

株分けと挿し木で増やせる。切り戻しでカットした枝を挿し木に使う。1週間～10日ほど切り口を半日陰でよく乾かし、乾いた用土に挿す。群生している株は、植え替え時に株分けする。

上から、漆黒の葉が美しく、人気の《黒法師》、すがすがしい緑葉の《レモネード》は近縁種のアイクリソン。赤茶色の紅葉がシックな《カシミアバイオレット》、平らなロゼット形が珍しい《姫明鏡》、２つ上の固体とは雰囲気の違う《カシミアバイオレット》、褐色の葉に入る絞り模様が目を引く《まだら黒法師》。
※品種の紹介は p.106。

アエオニウム
Aeonium

BASIC DATA

学名：*Aeonium*
科名：ベンケイソウ科
属名：アエオニウム属
原産地：カナリア諸島、北アフリカなど
生育型：冬型に近い春秋型
増やし方：株分け、挿し木

雨の少ない温暖な地域に自生するため、乾燥に強く、過湿に弱い性質をもちます。
生長すると、茎が立ち上がって低木のように大きくなるものが多く、
その茎の先端に大輪の花のようなロゼット状の葉をつける、見ごたえのある品種です。
黒や斑《ふ》入りなど葉色も豊富で、春と秋の生長期にしっかり光を当てると色がよくなります。
花を咲かせると株が枯れることもあり、花茎は早めにカットを。子株の発生も促します。

〘 アエオニウムの特徴 〙

ロゼット型の葉がきれい

茎の先につく葉は密に重なり、整った形のロゼットを形成。まるで花のような美しさ。写真は丸みを帯びた葉をもつ《カシミアバイオレット》。

形よく分枝させて楽しむ

生長すると茎立ちし、低木のような姿に。伸びた茎を切り戻すと、切り口の下から新芽が出て葉が展開し、茎が伸びるので、思い通りの形に仕立てられる。写真は《黒法師》。

〘 栽培カレンダー 〙

	1月	2月	3月	4月	5月	6月	7月	8月	9月	10月	11月	12月
生育時期（生育期・休眠期）	休眠期			生育期			生育緩慢期	休眠期			生育期	
開花												
植え替え、株分け、挿し木												
肥料												

〘 日々のお世話 〙

水やり・肥料

生育期は、土の表面が乾いたらたっぷりと水を与える。夏と冬の休眠期は過湿にすると根腐れしやすいので注意。乾かしぎみに管理し、水やりは1か月に1～2回程度に。肥料は、生育期に薄めの液体肥料を月に一度程度与える。

置き場所

日当たりと風通しのよい屋外で。高温多湿が苦手なので、梅雨時期は雨が当たらない軒下に置いて管理する。真夏は風通しのよい半日陰で涼しく夏越しを。冬は寒風や霜に当たると傷むので、5℃以下にならない軒下、または室内で冬越しする。

植え替え・剪定

植え替えは1～2年に一度行うとよい。適期は、生育期の初期。徒長している株や樹形を低くしたい場合は、植え替えのときに切り戻しをし、新しい芽を出させるようにする。どういう樹形にしたいかイメージして切ると、自分好みの仕立てに。

増やし方

切り戻しを行ったときにカットした茎を活用し、挿し木で増やせる。切り口を日陰で1週間ほど乾かし、乾いた新しい培養土に挿す。適期は、植え替えと同様に生育期の初期。群生している株は、植え替え時に株分けして増やす。葉挿しは向かない。

コチレドン
Cotyledon

葉の形が熊の手に似ているもの、赤い縁取りが目を引くもの、這うように伸びる小葉、白い粉を帯びるシルバーグレーの葉など、チャームポイントが際立つ品種が揃っています。多くの種類は、生長すると茎が立ち上がり、やがて下のほうは茶色く木質化してきます。初夏～秋にかけて花茎を長く伸ばし、ベル状の小花を咲かせる品種もあり、魅力のひとつ。乾燥には強いものの、高温多湿は苦手なので、長雨には当てないようにしましょう。

〘 コチレドンの特徴 〙

産毛に覆われた葉

葉の表面に生えている産毛のような細かい毛は、自生地の強い光や乾燥から葉を保護するために発達したもの。長雨に当たると葉が落ちやすくなるので、長雨は避けて。写真は《熊童子》。

葉の表面に白い粉を吹く

葉の表面を覆う白いパウダーも産毛と同じく、強光や乾燥から葉を守るために進化したもの。水がかかると落ちるので、葉に雨や水をかけないように気をつけて。葉の縁が赤く色づくのもコチレドンの特徴のひとつ。写真は《銀波錦》。

左から、赤い縁取りがアクセントの《紅覆輪》、這うように伸びる《ペンデンス》、葉の形が子熊の手のように見える《熊童子》、大きくてフリルのある銀灰色の葉が美しい《銀波錦》、初夏に咲く釣鐘状の花が愛らしい《ゴルビュー》、白い斑が入った涼やかな《熊童子錦》。
※品種の紹介はp.107。

BASIC DATA

学名：*Cotyledon*
科名：ベンケイソウ科
属名：コチレドン属
原産地：南アフリカ、アラビア半島南部
生育型：春秋型
増やし方：株分け、挿し木

〘 栽培カレンダー 〙

	1月	2月	3月	4月	5月	6月	7月	8月	9月	10月	11月	12月
生育時期（生育期・休眠期）	休眠期	━	生育期	━	━	━	半休眠期	━	生育期	━	━	生育緩慢期
開花						━	━	━	━	━	━	
植え替え、株分け、挿し木			━	━	━				━	━		
肥料			━	━	━				━	━		

〘 日々のお世話 〙

水やり・肥料

生育期は表土が乾いたらたっぷりと、葉が白い粉を帯びる種類は、葉にかからないよう土に水やりをする。蒸れに弱く、夏は水やり回数を減らし、乾かしぎみに。冬は月に1～2回に抑え、株を休ませる。肥料は生育期の初期3～5月と9～10月に月に一度、薄めの液体肥料を与える。

置き場所

生育期は、日当たりと風通しのよいベランダや軒下で管理。高温多湿の夏は強い日差しを避け、半日陰に移動。冬は寒風や霜を避け、5℃以下にならない室内のよく日の当たる窓辺で管理。

植え替え・剪定

植え替えは1～2年に一度、生育期の初期に行う。元肥に緩効性肥料を少量入れ、ひと回り大きな鉢に植え替える。徒長株や樹形を低く仕立て直したい場合は、植え替え時に切り戻しを。

増やし方

株分けと挿し木で増やせる。株元がひとつではなく、数本がまとまっている場合は株分け可能。挿し木には、切り戻し時にカットした枝を使う（元気でしっかりした枝を使用）。1週間～10日ほど半日陰で切り口をよく乾かし、乾いた用土に挿す。水やりの開始は、1週間後が目安。

グラプトペタルム
Graptopetalum

グラプトセダム
Graptosedum

ロゼット型もさまざま。左上から時計回りに、ピンクに紅葉した小葉が群生する《姫秋麗》、細長い葉が重なる《秋麗》、ブロンズ色が印象的な《ブロンズ姫》、グレーがかったニュアンスカラーが美しい《朧月》。《姫秋麗》と《朧月》はグラプトペタルムで、残り２種はグラプトセダム。
※品種の紹介はp.108。

BASIC DATA

学名：*Graptopetalum*・*Graptosedum*
科名：ベンケイソウ科
属名：グラプトペタルム属、グラプトセダム属
原産地：アメリカ南西部～メキシコ
生育型：春秋型
増やし方：株分け、挿し木、葉挿し

プクッとした肉厚の葉をロゼット状に展開し、花のように見えるグラプトペタルム。
エケベリア（p.18）に近いグループで、茎は立ち上がり、きれいに紅葉する種類も多いです。
株元に子株が出やすく、やがて群生するように。春～夏には黄色やオレンジの花も咲きます。
このグラプトペタルムとセダム（p.14）の交配で誕生したのが、グラプトセダム。
そのほか、グラプトペタルムとエケベリア（p.18）の交配種に、グラプトベリアがあります。

〘 グラプトペタルム・グラプトセダムの特徴 〙

茎が徒長しやすい

生長すると、茎は上に伸びて立ち上がる。日当たりの悪い場所に置くと、間延びした感じで育ってしまうので、しっかり日に当てて引き締まった株に育てよう。写真は生長の早い《朧月》。

葉挿しで簡単に増やせる

《秋麗》や《姫秋麗》などのように、手が触れるだけで葉がポロポロと落ちやすい品種が多いのも特徴。葉が取れやすい品種は、葉挿しをしたときに芽が出やすく、葉挿し向きともいえる。

〘 栽培カレンダー 〙

	1月	2月	3月	4月	5月	6月	7月	8月	9月	10月	11月	12月
生育時期（生育期・休眠期）	生育緩慢期	休眠期	━	━	生育期	━	━	半休眠期	━	━	生育期	━
開花				━	━	━	━					
植え替え、株分け、挿し木、葉挿し			━	━	━				━	━		
肥料			━	━	━				━	━		

〘 日々のお世話 〙

水やり・肥料

土の表面が乾いたら、たっぷりと与える。夏は控えて乾かしぎみに。冬はほぼ断水。室内栽培では、月に1～2回葉に霧吹きをしても。肥料は、生育期の初期3～5月と9月中旬～10月に、薄めの液体肥料を月に一度与える。肥料の与えすぎは徒長や紅葉しにくいなどの原因にもなるので注意。

置き場所

よく日の当たる風通しのよいベランダや軒下で管理。室内や日陰では、徒長しやすいので注意。《朧月》や《秋麗》など丈夫で寒さに強い品種は、霜や凍結に気をつければ冬も戸外で管理できる。

植え替え・剪定

植え替えは生育期の初期に。根詰まりしていたら、根鉢の1/3の土をやさしく落とし、ひと回り大きな鉢に植え付ける。植え替え時、葉を触るとポロポロ取れやすいので、触れるのは最小限に。草丈が高ければ、植え替え時に切り戻しをしても。

増やし方

株分け、挿し木、葉挿しで増やせる。植え替えの際に取れた葉を、半日陰で土の上に置いておけば芽が出てくる。挿し木は、カットした茎の切り口を1週間～10日ほど半日陰でよく乾かし、乾いた用土に挿す。水やりは1週間後から開始する。

パキフィツム
Pachyphytum

パキベリア
Pachyveria

BASIC DATA

学名：*Pachyphytum*・*Pachyveria*
科名：ベンケイソウ科
属名：パキフィツム属、パキベリア属
原産地：メキシコ
生育型：春秋型
増やし方：株分け、挿し木、葉挿し

上段左から、葉先を淡紫に染める《月美人》、ツンと尖った葉先が深い《ヒアリウム》。中央は、彫刻で削ったような個性的な葉の《コンパクツム》。下段左から、華やかな存在感の《月花美人》、赤紫色がシックな《紫麗殿》。《ヒアリウム》、《紫麗殿》はパキベリアで、ほか3種はパキフィツム。
※品種の紹介は p.109。

ぷっくり肉厚の葉に、白い粉をまぶしたような繊細な雰囲気は美しく、人気があります。
生長すると茎が立ち上がってダイナミックな姿になる種類もあり、
形が乱れたら好きなところでカットし、コンパクトに仕立て直しをしてもよいでしょう。
日照不足は葉色が悪くなり、徒長する原因にもなるので、生長期はしっかりと日に当てて。
パキベリアは、パキフィツムとエケベリア（p.18）の交配品種で、見た目はよく似ています。

〖 パキフィツム・パキベリアの特徴 〗

ぷっくりした葉

ぷくぷくと丸く膨らんだ肉厚の葉はかわいらしくて魅力的。品種によって葉のサイズや形は違い、その多彩さも楽しい。写真は、削って面を作ったような多面体の葉がおもしろい《コンパクツム》。

白い粉を帯びるタイプ

青みがかったり、赤紫色だったり。葉色は違うものの、葉の表面が白い粉で覆われている品種が多いのも特徴のひとつ。写真は《月美人》。雨に当たったり、手でこすったりすると粉が落ちてしまうので、雨に当てない、手で触らないように気をつけて。

〖 栽培カレンダー 〗

	1月	2月	3月	4月	5月	6月	7月	8月	9月	10月	11月	12月
生育時期（生育期・休眠期）	休眠期	休眠期	生育期	生育期	生育期	生育期	生育期／半休眠期	半休眠期	生育期	生育期	生育期	生育緩慢期
開花				━	━	━						
植え替え、株分け、挿し木、葉挿し			━	━	━				━	━		
肥料			━	━	━				━	━		

〖 日々のお世話 〗

水やり・肥料

膨らんだ葉は水分を多く蓄えているので、基本は乾かしぎみに。生育期は表土が乾いてから2～3日後にたっぷりと。真夏は10日に一度、涼しくなる夕方に。冬は乾かしぎみで、葉にシワが出たら少量の水を。徒長しないよう、肥料は少なめに。生育初期に薄めの液体肥料を与える。

置き場所

生育期は、長時間日当たりと風通しのよい場所に置いて。雨で葉の白い粉が取れないよう、軒下がよい。真夏は直射日光を避け、半日陰に。冬は寒気を避け、室内の日当たりのよい場所に移動。

植え替え・剪定

植え替え適期は生育期の初期。1～2年に一度、ひと回り大きな鉢に植え替える。葉の表面の白い粉をこすり落とさないよう、作業は慎重に。目立ちにくい株の下を持つとよい。伸びすぎた株は、植え替え時に切り戻して樹形を整える。

増やし方

株分け、挿し木、葉挿しで増やせる。ポロッと取れた葉は葉挿しに。半日陰で土の上に葉を置くと芽が出る。挿し木は切り戻した茎で。茎の切り口を1週間～10日ほど半日陰でよく乾かし、乾いた用土に挿す。水やりは1週間後から。

左列上から３点、シックな葉色が美しい《ブラックミニ》、《アルドモロ》、《テクトラム‘レッドパープル’》。下部左から３点《モアハニーブルーホリズン》、《ブロンコ》、《酒井》。右列上から３点、株全体を白い毛で覆う《コブウェブジョイ》と《ガゼル》。下は《スプライト》。
※品種の紹介は p.110。

センペルビブム
Sempervivum

BASIC DATA

学名：*Sempervivum*
科名：ベンケイソウ科
属名：センペルビブム属
別名：クモノスバンダイソウ
原産地：ヨーロッパ中南部の高山地帯
生育型：春秋型
増やし方：株分け、挿し木

ヨーロッパでは古くから人気があり、大小さまざまなロゼット状の葉は色彩が豊か。
白い糸を巻きつけたようなタイプなどもあり、繊細で大胆な美しさを醸し出してくれます。
乾燥や寒さに強く、紅葉期や、春先から紅葉の色がさめていく葉色の変化も楽しみです。
生長し充実した株からはランナーが伸び、その先に子株がついて群生するように。
ロゼットの中心から花茎を伸ばして花が咲きますが、開花するとその株は枯れてしまいます。

〖 センペルビブムの特徴 〗

子株で増やせる

鉢いっぱいに子株が増えたら、根をつけた状態でやさしく抜き取る。枯れた葉があれば取り除き、別の鉢に植え付ける。手軽に株分けして増やせるのも魅力のひとつ。

ランナーが出て増える

春先、ロゼット状に展開する葉の元からランナーを出し、その先に子株をつける。子株がある程度の大きさに育ったら、ランナーの先端から子株をカットし、植え付ける。

〖 栽培カレンダー 〗

	1月	2月	3月	4月	5月	6月	7月	8月	9月	10月	11月	12月
生育時期（生育期・休眠期）	生育緩慢期			生育期				休眠期		生育期		生育緩慢期
開花												
植え替え、株分け、挿し木												
肥料												

〖 日々のお世話 〗

水やり・肥料

生育期は、土の表面が乾いたらたっぷりと水を与える。乾燥に強いので、与えすぎないように。暑さと蒸れに注意し、夏は乾かしぎみに。冬も同様に乾かしぎみの管理を。春と秋の生育期の初期に、薄めの液体肥料を月に一度与える。

置き場所

寒さに強く、冬でも戸外で越冬できる。夏の高温多湿を嫌うので、強い日差しを避けた風通しのよい半日陰で涼しく夏越しを。春と秋のよい季節は、よく日が当たって風通しがよく、雨が避けられるところで管理する。

植え替え

春は3～5月、秋は9月中旬～10月ごろが植え替え適期。根がよく回るので1～2年に一度植え替えるとよい。高温多湿の時期に蒸れて腐りやすいので、通気性と排水のよい土を使って植え付ける。

増やし方

植え替えと同時に、株分けできるものは株分けしたり、挿し木にしたりするとよい。群生している子株は株分けし、ランナーを伸ばしている子株は、先端をカットして挿し木にする。いずれの子株も日陰で1週間ほど乾かしてから植え付けること。水やり開始はそれから1週間後。

セネシオ
Senecio

オトンナ
Othonna

左端から時計回りに、白い繊維に包まれた《スケイポサス》、奥はアーモンドのような葉の《京童子》、白い毛に覆われた《銀月》、葉の形から名付けられた《マサイの矢尻》、紫色の茎が印象的な《ルビーネックレス》、桃のような形の葉が垂れ下がる《ピーチネックレス》。《ルビーネックレス》はオトンナで、それ以外はすべてセネシオ。
※品種の紹介は p.111。

BASIC DATA

学名：*Senecio*・*Othonna*
科名：キク科
属名：セネシオ属、オトンナ属
原産地：アフリカ、マダガスカル、インド、メキシコ
生育型：春秋型、夏型、冬型（品種により異なる）
増やし方：株分け、挿し木

キク科の仲間のセネシオとオトンナ。乾燥地帯が原産地なので多湿を嫌いますが、根が細いため、極度の乾燥には弱いという性質も。乾燥させすぎないように気をつけましょう。つる性や白い毛に覆われたものなど、セネシオはバラエティに富んだ品種が揃っています。セネシオの生育型は品種によって3タイプあり、オトンナはすべて夏に休眠する冬型です。生育型が異なっても、いずれも春と秋に生育し、夏の暑さは苦手という共通点があります。

〖 セネシオ・オトンナの特徴 〗

美しいシルバーリーフ

白い繊細な毛で覆われた葉は柔らかく、ビロードのような質感で美しい。雨が当たり続けると毛が落ちやすくなるので、長雨や水やりは気をつけて。写真はセネシオの《銀月》。

連なり枝垂れる葉

ぷっくりとした肉厚の葉は細いつる性の茎に連なるようにつき、這うように伸びる。鉢の縁から枝垂れさせると魅力が生きる。写真はセネシオの《ピーチネックレス》。

〖 栽培カレンダー 〗

	1月	2月	3月	4月	5月	6月	7月	8月	9月	10月	11月	12月
生育時期（生育期・休眠期）	休眠期	―	生育期	―	―	―	―	半休眠期	―	生育期	―	生育緩慢期
開花						―	―	―	―	―	―	
植え替え、株分け、挿し木			―	―	―				―	―		
肥料			春秋型・夏型	―	―	―			春秋型・冬型	―		

〖 日々のお世話 〗

水やり・肥料

多湿では根腐れしやすいので、土がよく乾いてから水やりを。生育期は与えるときにたっぷりと。真夏と真冬は断水せずに乾かしぎみを保ち、根が乾かない程度を心がけて。春秋型は3～6月と9～10月、夏型は3～6月、冬型は9～10月の間、薄めの液体肥料を月に一度程度与える。

置き場所

生育期は日当たりと風通しのよい軒下やベランダなどで、雨に注意。夏の直射日光は葉焼けや株が弱る原因になるので、明るい半日陰に。冬は簡易フレームなどに入れるか、室内の明るい場所へ。

植え替え・剪定

植え替えは1～2年に一度、生育期の初期に行う。ひと回り大きな鉢を用意し、根鉢をやさしくもみほぐし、1/3程度土を落として新しい用土で植え付ける。枯れた葉を取り除き、植え替えと同時に切り戻しも行うとよい。

増やし方

植え替え時、切り戻しでカットした茎を使い、挿し木で増やせる。ひと枝4～5㎝になるよう切り揃える。半日陰で1週間～10日ほど切り口を乾かし、乾いた用土に挿す。水やりは1週間ほどしたら開始。株分けもこの時期に行う。

長く元気に育てるために知っておきたいこと

多肉植物は生育が早いものが多いので、長く育てていると樹形が崩れたり、根が張りすぎたりしてしまいます。形よく、元気よく育てるには、適度な植え替えや切り戻しなどをしてあげるとよいでしょう。

《 植え替えをする 》

1～2年に一度の周期で行うのが、植え替えの基本。古い根が整理されて新しい根が伸びやすくなり、生育を促進します。また、長期間植え替えないと土がガチガチに固まって通気性が悪くなり、根腐れなどを起こす原因にもなります。写真は、ポット苗のまま2年ほど経過したエケベリア《エリアノード》。下の葉は枯れてカサカサになった状態です。

BEFORE

AFTER

1

枯れた下葉を手できれいに取り除いておく。鉢に鉢底網を敷き、鉢の高さ1/5程度まで鉢底石を入れる。

2

1に、多肉植物用の培養土を薄く敷き入れる。

3

少量の緩効性肥料を元肥として加える。その上から、元肥が隠れる程度に培養土をかぶせる。

4

株を根鉢ごとポットから取り出す。古い土を落とし、古い根を取り除いて根鉢を整理する。

5

3の上に株を置いて片手で支える。培養土が葉にかからないよう、土入れを使ってすき間からゆっくりと土を入れていく。

6

ウォータースペース分を残して培養土を入れたら、割りばしで突いて培養土を根の間にすき間なく落とし込み、安定させる。その後、水をたっぷり与える。

《 伸びすぎた株を整える 》

上へ伸びて木立ち性になるタイプの多肉植物は、手をかけなければ奔放に伸びてワイルドな印象になってしまいます。下のほうの葉がなくなると寂しいので、短く切り戻して仕立て直しましょう。写真は、伸びすぎて形が崩れてしまったセダム《銘月》。切った枝は挿し木にして鉢に植え替え、切り戻した株元からは新芽が出て、こちらも再生できます。

BEFORE

AFTER

1

ひょろ長く徒長した枝を株元から切る。株元に新芽が出ているので傷つけないようにする。

2

短い枝も、下の葉を2〜3枚残して切る。残した葉の部分から新芽が出てくる。

3

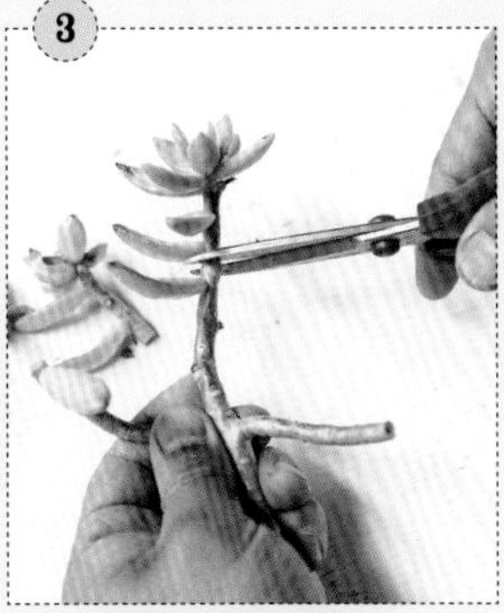

1で切り落とした枝の先端部を、長さ2〜3㎝のところで切る。

4

3と同様にして、枝から先端部をすべて切った状態。先端部は、挿し木に使う。枝に残った葉は、葉挿しに使っても。切った枝は、日陰で切り口を1週間ほど乾かす。

5

新しい鉢に培養土を入れ、**4**の先端部を挿す。挿しやすいように下葉は取る。取った葉は葉挿しに利用できる。上記**AFTER**の写真は**5**の鉢の2か月後の様子。

6

2で徒長した茎を切り戻した親株の2か月後。株元に新芽が芽吹き始めている。

増やし方いろいろ

それぞれの品種のページでも詳しく紹介したように、増やし方には主に、挿し木、葉挿し、株分けの3つの方法があります。生育のタイプによって増やし方は変わりますので、PART.1の品種のページを参考にして、増やす楽しみを体感してください。

《 挿し木について 》

木立ち性で茎が伸びて生長するタイプの植物は、先端部分をカットして用土に挿して増やします。この方法が挿し木です。多肉植物は乾いた状態で発根するので、切り口を乾かしてから、乾燥した用土に挿すのがポイント。切るときは、株元に葉を4～5枚残しておくと、元の株からも新芽が出やすくなります。なるべく元気な枝を使いましょう。

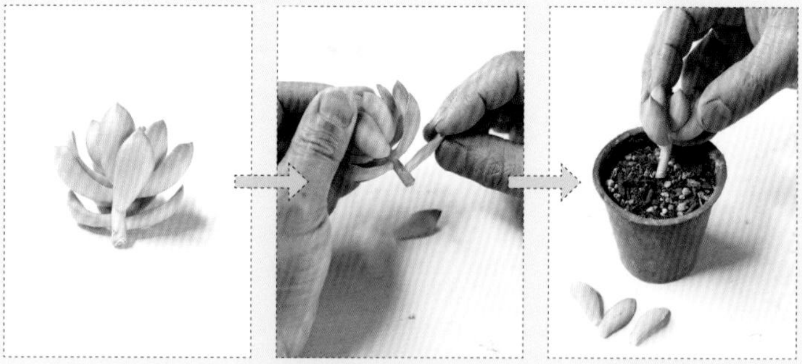

用土に挿しやすくするよう、下の葉を取り除き、切り口を日陰で1週間～10日乾かしてから、乾いた培養土に挿す。取り除いた葉は葉挿しにして増やせる。水やりは挿してから約1週間後、根が出てから行う。写真はセダム《黄麗》。

《 葉挿しについて 》

多肉植物は葉がポロポロと落ちやすいものが多く、茎から外れた葉は枯れずに、生長点から新芽が顔を出し、繁殖します。その性質を利用して増やす方法が葉挿しです。より葉挿しに向くのは、触って簡単に取れる品種。取れにくければ葉挿しに向かない品種といえます。乾いた土の上に置くだけと簡単で、生長過程もおもしろく、見ごたえがあります。

浅い器に新しい培養土を敷き、葉を置いておくだけで、葉の付け根（生長点）から小さな葉が出てきて、やがて子株に育つ。根が出たら水やりを始め、風通しのよい明るい半日陰で管理するとよい。元の大きい葉から栄養を吸収しながら子株は大きくなり、栄養を取られ、元の葉はだんだんシワシワに。写真はセダム。

《 株分けについて 》

株が横に広がるように育つタイプは生長し、根が増えすぎると鉢の中で根が詰まり、水の吸収が悪くなります。株を分けて根をほぐし、小さくして植え直しましょう。また、子株が増えて群生するように生長するタイプは、株分けと同様の方法で子株を分けて別々の鉢に植えると、それぞれがよく育ちます。

鉢から根鉢ごと取り出し、根の分け目を指でさぐりながら根を割っていく。さらに、絡み合っている茎や葉を親指でほぐしながら、地上部も同じように割っていく。鉢のサイズに合わせて、根の下部分を切ってもよい。写真はクラッスラ《リトルミッシー》。

TANIKU
SHOKUBUTSU
START BOOK

PART.2

多肉植物を飾る

単品鉢を組み合わせて飾る

ひとつの鉢に1種類の植物を植える「単品鉢」は、それぞれの植物の特性に合わせてお世話ができて、育てやすいです。さらに、好きな場所に手軽に移動できるので、楽しみ方の幅もぐんと広がります。

屋外

軒下に並べる

同素材の鉢を隣に並べることで、棚全体の統一感が生まれます。サイズ違いや高低差をつけるとセンスよく飾れます。左の写真は上段左から《星兎耳》、《ロゲルシー》、《カシミアバイオレット》、《仙人の舞》、《小米星》、《新玉つづり》、下段左から《仙女の舞》、《オーロラ》、《パープルヘイズ》、《コルデタ》。

限られたスペースを有効活用するなら、上下に飾れる棚が便利。上に伸びたり、横に広がり垂れたりと動きのあるセダム、ふわふわやベロア調など質感がおもしろいカランコエ、葉の色や形が楽しいクラッスラなど、個性あふれる小さめの鉢を並べるだけでかわいく仕上がります。気分に合わせて並べ替えれば、コーナーの模様替えも簡単です。

※《新玉つづり》、《オーロラ》、《パープルヘイズ》はセダム、《星兎耳》、《仙人の舞》、《仙女の舞》はカランコエ、《ロゲルシー》、《小米星》、《コルデタ》はクラッスラ。《カシミアバイオレット》はアエオニウム。

屋外

木に吊るす

夏の強い日差しをやわらげてくれる木陰は涼しくて明るく、風通しもよいので、多肉植物の居場所にぴったり。枝垂れる姿が美しいリプサリスなどつる性の仲間を、高低差をつけて吊り下げました。鉢も大小違うものを合わせるとバランスよく飾れます。激しい雨の日や冬は、軒下か5℃以上の明るい室内に移動させましょう。

吊るすと風が通るので鉢内の水分が乾きやすくなり、多湿を嫌う多肉植物にはメリットの大きい飾り方。写真左から《ルビーネックレス》、《カピリフォルミス》、《グリーンネックレス》。

※《ルビーネックレス》はオトンナ、《カピリフォルミス》はリプサリス、《グリーンネックレス》はセネシオ。

室内

棚に飾る

直射日光が苦手なハオルチアは、室内インテリアとして楽しめます。明るい室内に、専用の飾り棚を作っても素敵。同じように弱い光を好むリプサリスを左下に並べ、動きを添えました。左上のサボテンは乾かしぎみに管理すれば、室内でも育てられます。光が一方向からしか当たらないので、ときどき鉢を回してまんべんなく当てましょう。

棚の見せ場となる中段。お揃いの鉢に植えてリズムよく。品種の個性も際立ちます。上の写真は上段左から《幻楽》、《短毛丸》、中段左から《ミラーボール》、《ピクタ深海白銀》、《青水晶》、下段左から《キルベルギー》、《オブツーサ》、《宝草》。

※《幻楽》、《短毛丸》はサボテン、《キルベルギー》はリプサリス、その他はすべてハオルチア。

室内

窓辺に置く

鋭いトゲが美しく、ワイルドな姿が魅力のアガベやアロエ、サボテンを室内で育てたいなら、よく日の当たる明るい窓辺を選んで。多肉植物の魅力を引き立てるために、鉢はすべて落ち着きのあるアンティーク調のブリキ製で揃えています。室内は屋外より通気性が悪くなるため、水やりは控えめにして乾かしぎみに管理を。

アガベ、アロエ、サボテンはいずれも夏型タイプで、寒さが苦手。性質が似たもの同士を一緒に飾ると管理も楽になります。写真左から、《エクシミア》、《イシスメンシス》、《カピタータ》、《般若》。

※《イシスメンシス》はアガベ、《般若》はサボテン、その他はすべてアロエ。

寄せ植えを飾る

多肉植物を組み合わせて作る「寄せ植え」は、お互いを引き立て合うので新しい魅力が生まれます。
それぞれの性質や育ち方を知ってから合わせると、お世話に無理がなく、育つ過程も楽しめます。

セダムだけを使って

小さい葉が愛らしく、品種も豊富で、人気のあるセダム。
這うようにして枝を伸ばすので、高さのある器を選んで
長い枝を縁から垂らすように植えればナチュラルな雰囲気に。
2品種以上使う場合は、異なる品種同士を隣に植え、
無造作に枝を絡ませることが、素敵に見せるコツです。

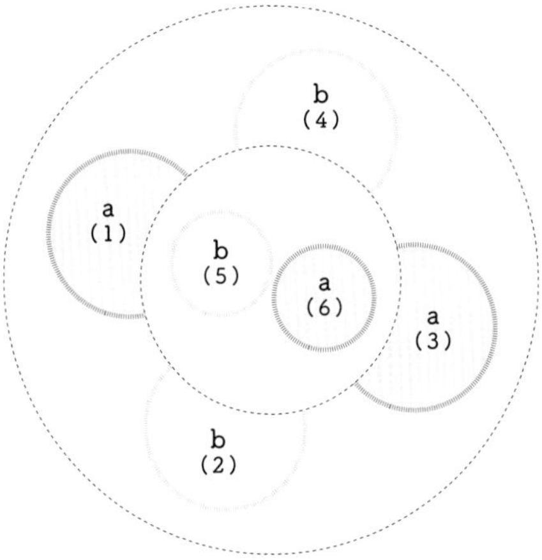

使った多肉植物

a：セダム《白花タイトゴメ》(p.83)
b：セダム《覆輪丸葉万年草》(p.84)

用意するもの

〈上段〉直径８cm×高さ７cmのブリキ製の器
〈下段〉直径15cm×高さ12cmのブリキ製の器
＊コンポート形の器（下段）に、
質感の同じカップ形の器を重ねて使用。
＊底に排水用の穴をあける（→p.80）。

1

《白花タイトゴメ》と《覆輪丸葉万年草》は、それぞれひとつのポット苗を2：2：1の割合で3つに株分けする。

2

1で2の割合で株分けした《白花タイトゴメ》と《覆輪丸葉万年草》はすべて下段に植える。その際、株分けした株ごとに根をほぐして横に広げ、苗を平らにする。

3

下段に《白花タイトゴメ》を横に広げるようにして植える（1）。《覆輪丸葉万年草》も同様に植え（2）、《白花タイトゴメ》と絡ませてなじませる。

4

3と同様に、下段に《白花タイトゴメ》、《覆輪丸葉万年草》を植える（3、4）。上段に、1の割合で株分けした残りの《覆輪丸葉万年草》と《白花タイトゴメ》を広げるように植えてなじませる（5、6）。

POINT
生長し、茂りすぎて鉢が隠れるとバランスが悪いので、セダムが鉢を覆い隠す前に剪定し、形をキープします。

ロゼット型のタイプを集めて

薬が重なってロゼット状を形成するエケベリアやグラプトベリアは
種類が豊富で、大きさも葉の色もバリエーション豊か。
ただし、形が似ている品種だけで寄せ植えするなら
大小を組み合わせて、サイズで変化をつけるとよいでしょう。
さらに、形がわかるよう間隔をあけて植えるとより素敵になります。

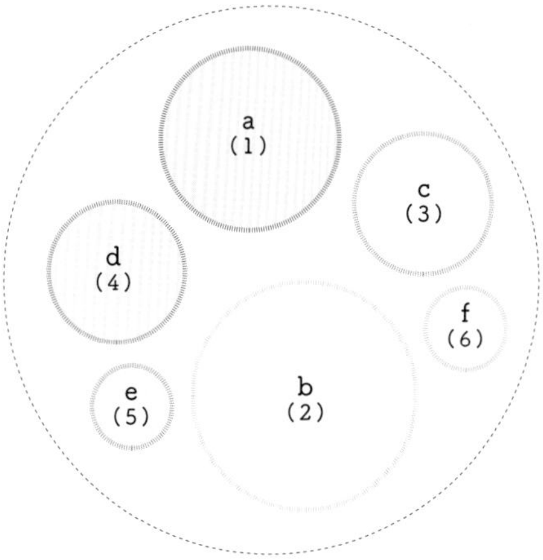

使った多肉植物

a：エケベリア《ラウリンゼ》(p.89)
b：グラプトベリア《パープルキング》(p.108)
c：エケベリア《ドミンゴ》(p.88)
d：エケベリア《イリア》(p.86)
e：エケベリア《アルバ》(p.86)
f：エケベリア《野ばらの精》(p.88)

用意するもの

直径22cm×高さ11cmのコランダー(水切り用ボウル)
＊持ち手は除いたサイズ。

1

《ラウリンゼ》を植え(1)、続いて《パープルキング》を植える(2)。大きい苗があるときは、大きいものから植えていくとバランスが取りやすい。

2

《ドミンゴ》を植え(3)、対面に《イリア》を植える(4)。手前にミニサイズの《アルバ》を植える(5)。最後に、《野ばらの精》を植えて、でき上がり(6)。

POINT
鉢代わりに使用したコランダーの色に合わせ、シルバーがかった淡い色の品種で統一しました。

カランコエの“兎シリーズ”を集めて

白い毛に覆われて、ふわふわとした楕円形の葉は兎の耳のよう。
同じ仲間でも、色や斑の有無などで個体差があり、それが品種を見分ける方法です。
共通するのは、グレイッシュな大人の雰囲気。
趣のある器と合わせれば、落ち着いた印象になります。

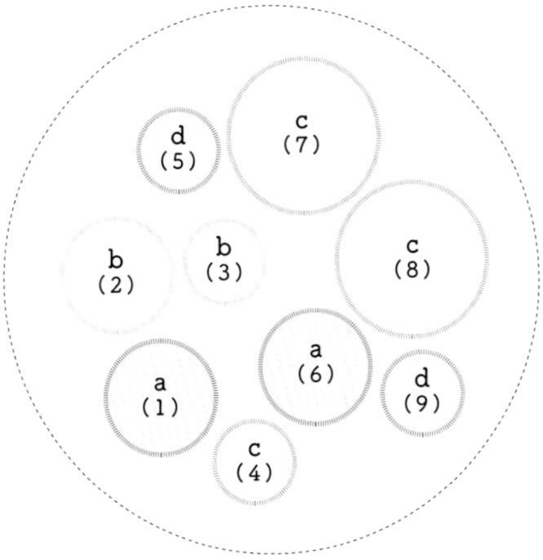

使った多肉植物

a：カランコエ《ゴールデンラビット》(p.92)
b：カランコエ《福兎耳》(p.92)
c：カランコエ《月兎耳》(p.92)
d：カランコエ《黒兎》(p.92)

用意するもの

直径11㎝×高さ7㎝のブリキ製の器
＊底に排水用の穴をあける(→p.80)。
赤玉土小粒
飾り用ピック

1

《ゴールデンラビット》を器の縁から少し離して植える(1)。全体に、器の縁と多肉植物の間にすき間を作ることを意識すると、ふわふわ感が際立つ。

2

《ゴールデンラビット》の後ろに、《福兎耳》の苗の大・小を並べて植える(2、3)。小を内側に植えるとよい。《ゴールデンラビット》の右手前に《月兎耳》を植える(4)。

3

《黒兎》、《ゴールデンラビット》の順に植え(5、6)、後方に《月兎耳》を植える(7)。

4

《月兎耳》、《黒兎》の順に植えて完成(8、9)。鉢を正面から見て、すべての品種が見えるように、手前に背の低い苗を植えると違いがよくわかって楽しい。

5

仕上げに、赤玉土を表面全体に軽く敷く。ふわふわな質感特有のドライな感じがより引き立ってくる。最後に、飾りのピックを挿して、でき上がり。

POINT
白い毛にこげ茶の斑点が入った《月兎耳》が一般的ですが、多くの変異個体が「○○兎《と》耳《じ》」という園芸名で出回ります。

這うタイプを使って

コンパクトな草姿で、這って広がる多肉植物は、
鉢の縁からこぼれるように植えれば、雰囲気よく仕上がります。
ある程度育っている苗を使うと、よりナチュラルな印象に。
1種類だけで植えるより、同じ性質の異なる品種を使いながら、
ひとつの株のように見せることで、繊細な表情が楽しめます。

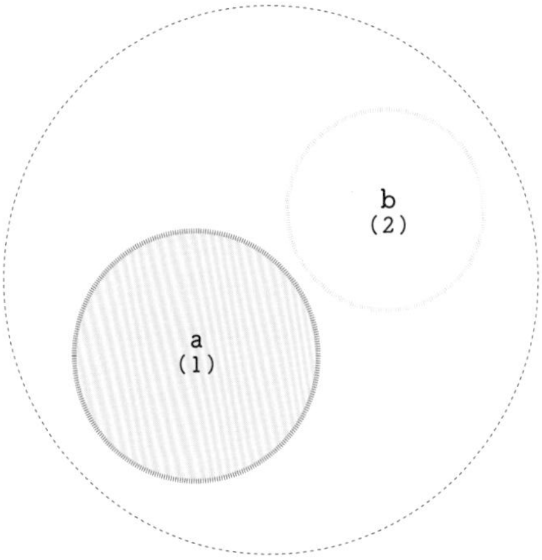

使った多肉植物

a：グラプトセダム《リトルゼム》(p.108)
b：クラッスラ《レモータ》(p.105)

用意するもの

直径12cm×高さ9.5cmの素焼き鉢

1

《リトルゼム》を両手で平たく押し広げる。次に植える《レモータ》を包み込むようなイメージをもちながら、鉢の縁からこぼれるように植える(1)。

2

《レモータ》を、あいている場所に植える(2)。**1**の《リトルゼム》との間にすき間を作らず、ひとつの株に見えるように植えると仕上がりがきれい。

POINT
形やサイズは似ていて、色で濃淡の変化がつけやすい品種に適した植え方です。

上に伸びるタイプを使って

すらりと上へ伸びる多肉植物は、シルエットが美しく、
高低差のある寄せ植えを作るときに活躍します。
植え込むときは、寄せ植えの芯として後方に配置するのが基本。
縦のラインが強調できるため、華やかな印象になります。
初心者は、葉の形が似た品種を選ぶと合わせやすいでしょう。

左

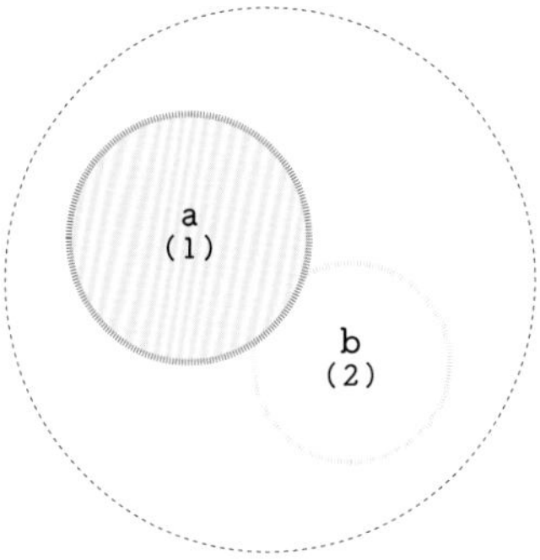

使った多肉植物

a ：セダム《黄麗》(p.82)
b ：クラッスラ《ロゲルシー》(p.105)

用意するもの

直径8.5cm×高さ8cmのほうろうのカップ
＊底に穴がないので根腐れ防止剤を入れる(→p.80)。
鉢底石の軽石(パミス)大粒

《黄麗》を植え(1)、右隣に背の低い《ロゲルシー》を植える(2)。背の高い品種から植えると植えやすい。最後に、土の表面に軽石を敷いて、でき上がり。

POINT
右の寄せ植えに使った《仙人の舞》の葉は、表と裏で色が異なります。葉裏のグレーに揃えて、《銀スプーン》と《ミロッティー》を選びました。

右

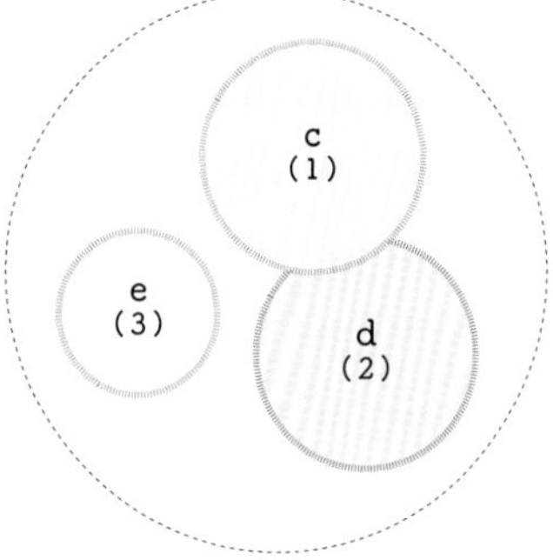

使った多肉植物

c ：カランコエ《仙人の舞》(p.93)
d ：カランコエ《銀スプーン》(p.93)
e ：カランコエ《ミロッティー》(p.94)

用意するもの

直径15cm×高さ7.5cmのほうろうのボウル
＊底に穴がないので根腐れ防止剤を入れる(→p.80)。
鉢底石の軽石(パミス)大粒

1

芯になる《仙人の舞》を後方に植える(1)。右隣に中程度の高さの《銀スプーン》を植える(2)。

2

手前に背の低い《ミロッティー》を植える(3)。仕上げに、土の表面に軽石を敷いて完成。

群生するタイプを使って

親株の周りにポコポコと子株が増殖し、
気ままに群生するコンパクトな多肉植物は、
立体的でどこかユーモラス。
凹凸のある姿を生かした寄せ植えは、まるでパズルのよう。
株と株の間に余白をもたせれば、
それぞれの輪郭が際立ち、個性的なひと鉢に。
株を植える角度でも雰囲気は変わります。

上

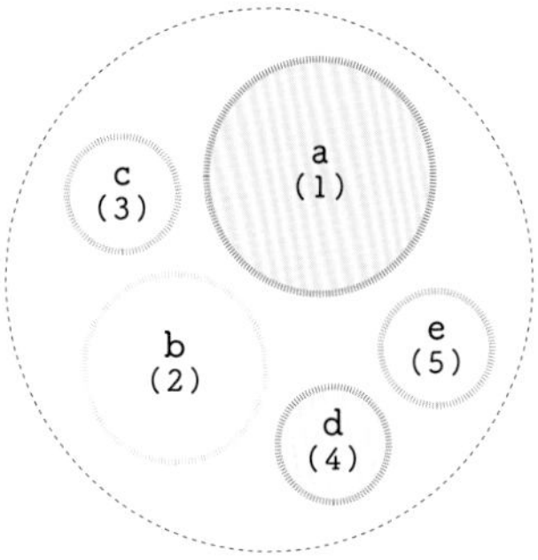

使った多肉植物

a ：パキベリア《紫麗殿》(p.109)
b ：グラプトベリア《グリムワン》(p.108)
c ：エケベリア《月影》(p.87)
d ：グラプトペタルム《姫秋麗》(p.108)
e ：セデベリア《スノージェイド》(p.85)

用意するもの

直径15㎝×高さ６㎝の陶器
＊底に穴がないので
根腐れ防止剤を入れる（→p.80）。

紫色が目立つ《紫麗殿》を後方の右に植え、《グリムワン》を植えたところ（1、2）。この後、《月影》、《姫秋麗》、《スノージェイド》の順に植えていく（3～5）。

中

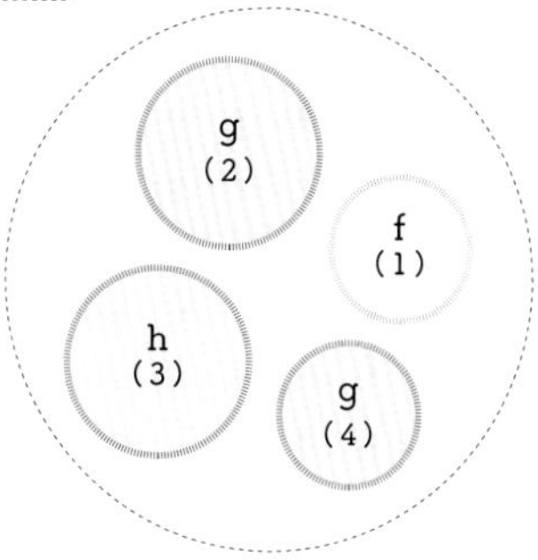

使った多肉植物

f ：パキフィツム《桃美人》(p.109)
g ：シノクラッスラ《天竺》(p.105)
h ：セダム《玉つづり》(p.83)

用意するもの

直径８㎝×高さ５㎝の陶器
＊底に穴がないので
根腐れ防止剤を入れる（→p.80）。

《桃美人》を後方に植え、反時計回りで《天竺》を植えたところ（1、2）。この後、《玉つづり》、《天竺》の順に（3、4）。小株は密集させたほうが散漫にならない。

下

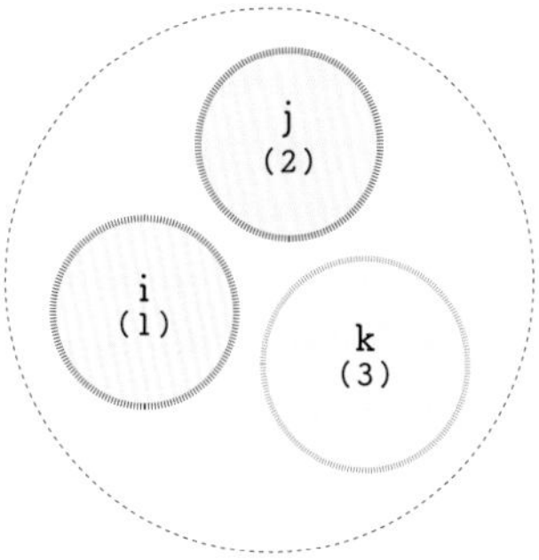

使った多肉植物

i ：グラプトペタルム《姫秋麗》(p.108)
j ：クラッスラ《アイボリーパゴダ》(p.102)
k ：エケベリア《イリア》(p.86)

用意するもの

直径９㎝×高さ５㎝の陶器
＊底に穴がないので
根腐れ防止剤を入れる（→p.80）。

左端に《姫秋麗》を植え、《アイボリーパゴダ》を奥に植える（1、2）。この後、《イリア》を植えるが（3）、株間をあけぎみに植えるほうが魅力的に映る。

POINT
ピンク色の器にはピンクがかった品種を、ブルーの器にはパステルグリーン系の品種を中心に選びました。

グリーンの濃淡を組み合わせて

さわやかさを表現するには、淡いグリーンだけでは不十分。
濃淡取り混ぜて、お互いを引き立て合うことが大切です。
同系色でまとめながら見飽きない寄せ植えを作るには
苗の大きさ、葉の形などで変化をつけることが大事。
背の高い苗と低い苗は交互に植えて高低差をつけています。

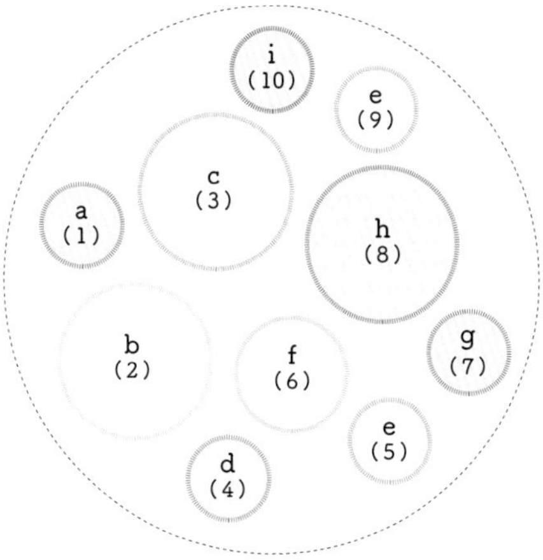

使った多肉植物

a：カランコエ《スカピゲラ》(p.93)
b：エケベリア《みどり牡丹》(p.89)
c：セデベリア《静夜つづり》(p.85)
d：セダム《丸葉万年草》(p.84)
e：セダム《ステファニーゴールド》(p.83)
f：セダム《春萌》(p.84)
g：エケベリア《久米の舞》(p.86)
h：エケベリア《ピーチプリデ》(p.88)
i：セダム《白花タイトゴメ》(p.83)

＊《ステファニーゴールド》は株分けする。
＊狭いスペースに植えるときは、
根鉢を崩して土を落とし小さくするとよい。

用意するもの

直径15cm×高さ８cmのブリキ製のケーキ型
＊底に排水用の穴をあける（→p.80）。

1

サイズの異なる品種を混在させる場合、配置決めがとくに重要。大きな《みどり牡丹》、《静夜つづり》、《春萌》、《ピーチプリデ》は植える場所を仮決めする。

2

左の端から《スカピゲラ》、《みどり牡丹》、《静夜つづり》を、枝先が外側に向くよう角度をつけて植える（1〜3）。

3

縁からはみ出すように《丸葉万年草》、《ステファニーゴールド》を植える（4、5）。その内側に、《春萌》を手前に傾けて植える（6）。

4

《久米の舞》、《ピーチプリデ》を植える（7、8）。全体的に、背の高い大きな苗の横には低い小さな苗を植えて、高低差をつけたり、色のつながりを意識したりするとよい。

5

器を回して、縁からあふれるように《ステファニーゴールド》を植え（9）、残りのすき間に、《白花タイトゴメ》を植えて（10）、でき上がり。

POINT
中央手前に枝垂れさせた《丸葉万年草》は、隣り合う多肉植物に枝を絡めるとより動きが出てナチュラル。

晩秋からの寒さを受け、きれいに色づいた多肉植物たちの
えんじやグレーがかった葉色の美しさを、真っ白いコンテナが引き立てます。
あえて奔放に育った苗を使うことで、静謐な世界に
躍動感が加わります。似た色が隣り合わないように配置し、
コントラストをつけることで表情豊かな仕上がりに。

紅葉した葉を組み合わせて

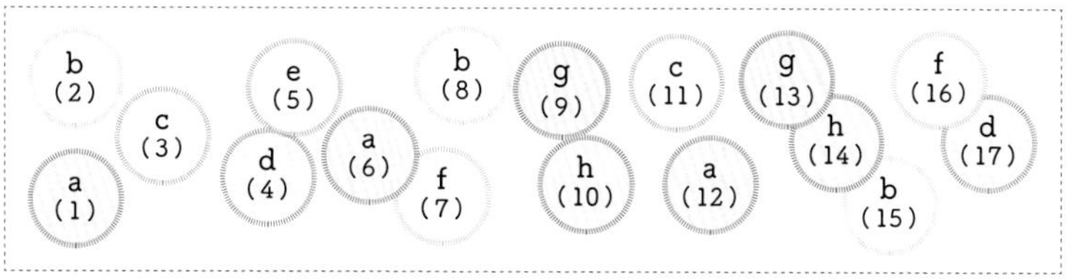

使った多肉植物

a ：セダム《ラベンダー》(p.85)
b ：クラッスラ《舞乙女》(p.104)
c ：セダム《プロリフェラ》(p.84)
d ：クラッスラ《ヴォルケンシー》(p.102)
e ：セダム《カメレオン》(p.82)
f ：セダム《新玉つづり》(p.83)
g ：クラッスラ《パンクチュラータ》(p.103)
h ：クラッスラ《星の王子》(p.104)

用意するもの

幅30㎝×奥行き７㎝×高さ９㎝の白いアイアンのコンテナ

1

さまざまな品種が自然に交ざり合った美しさを出すため、《カメレオン》以外は株分けをする。根を傷めないよう、株元を持ってゆっくりと分けて。根が細いものほど注意して行うこと。

2

左から、《ラベンダー》、《舞乙女》、《プロリフェラ》を左手前に倒して寝かしぎみに植える（1～3）。鉢からはみ出すようにバランスよく配置する。

3

《ヴォルケンシー》、《カメレオン》、《ラベンダー》を左側に傾け、《新玉つづり》を手前斜めに植える（4～7）。《新玉つづり》を囲む感じで《ラベンダー》を横に垂らす。

4

《舞乙女》、《パンクチュラータ》、《星の王子》を植え、《プロリフェラ》を植える（8～11）。中心部（高さを出す部分）なので立たせぎみに植えるとよい。

5

《ラベンダー》、《パンクチュラータ》、《星の王子》、《舞乙女》を左側に倒して植える（12～15）。端に行くほど苗の倒す角度を大きくすると自然な仕上がりに。

6

《新玉つづり》を左に傾けて植え（16）、《ヴォルケンシー》を植える（17）。最後は植えにくいので、深く土を掘り、根をしっかり植えること。

POINT
寄せ植えの中心部（いちばん高い場所）を、鉢の中央より右寄りにすることで伸びやかな印象になります。

COLUMN

穴のあいていない鉢に植えるなら

水はけのことを考えると、穴のあいた鉢に植えるのがベストですが、水やりに気をつければ、お気に入りの容器に植えて育てることもできます。穴があいていない場合はたっぷりと水を与えたあと、数分経ったら器を傾けて余分な水を落とします。

《 穴をあける 》

素材がアルミやブリキ製のものは、くぎで穴をあけることができます。
なお、陶器に穴をあけたい場合は、専用のドリルが必要なので、園芸店などであけてもらいましょう。

用意するもの

ブリキ製の器、太いくぎ、金づち

1

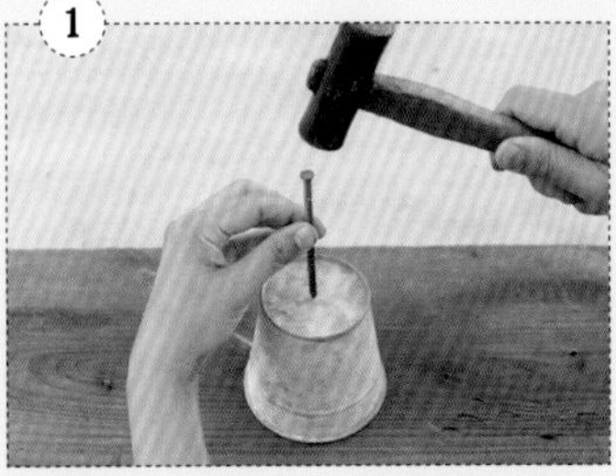

底の中央に太いくぎを当て、金づちで打って穴をあける。

2

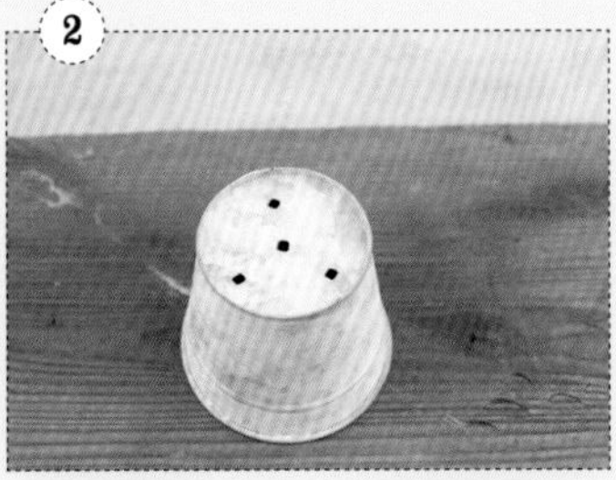

1を繰り返して底に均等に穴をあけてでき上がり。器やあける穴の大きさに応じて、穴の数を増やす。

これも便利

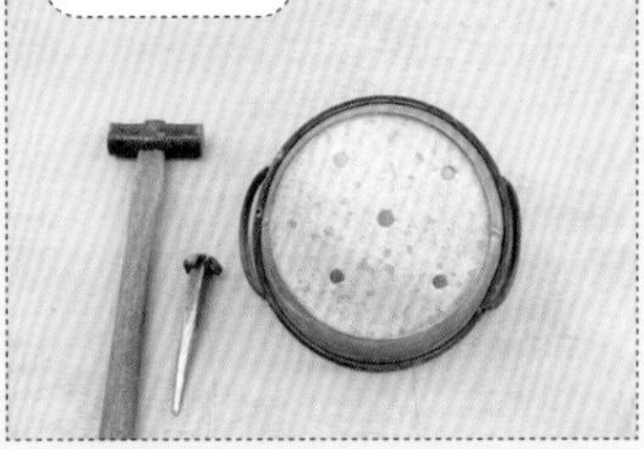

ポンチ（中央。ホームセンターなどで購入できる）があれば、より楽に大きい穴があけられる。

《 根腐れ防止剤を入れる 》

ガラスやほうろうなど、穴があけられない素材の容器を使いたい場合は、水はけが悪くなり根が腐りやすいので、根腐れ防止剤を使いましょう。土に適量を混ぜるだけで、根や水、空気の通り道ができ、雑菌を抑える効果もあります。

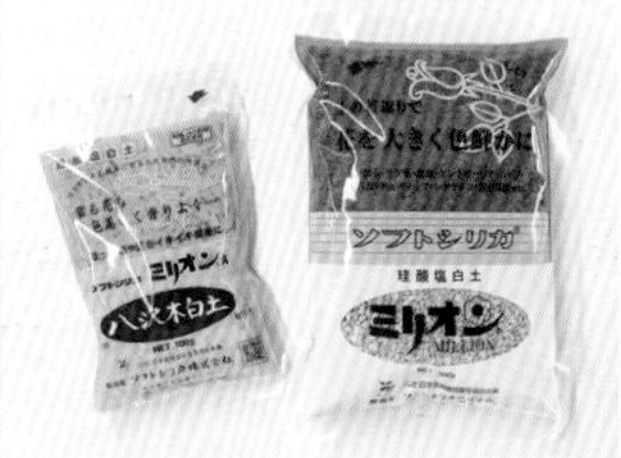

天然の珪酸塩白土をそのまま乾燥してくだいたものなので、安全、安心。小粒の「ミリオン」（右）と大粒の「ミリオンA」（左）の2種がある。

鉢の表面を飾るものについて

鉢に植えたときに土の面積が多く見える場合、表面を明るくナチュラルな素材で覆うと、植物をより魅力的に見せてくれます。赤玉土や鉢底石など、細かすぎない粒状のものがおすすめ。植物のもつ雰囲気や葉色などを考えて、相性がよいものを選びましょう。

表面を飾る用の特別な素材でなくてもOK。左の寄せ植え（p.68）は赤玉土の小粒、右の寄せ植え（p.72）は鉢底石に使う軽石（パミス）を使用。

TANIKU
SHOKUBUTSU
START BOOK

PART.3

多肉植物カタログ

セダム　ベンケイソウ科セダム属

薄《うす》化《げ》粧《しょう》

Sedum palmeri

ライムグリーンの葉は、冬になると葉を縁取るようにピンク色に紅葉。名前の通り、薄化粧しているようにきれい。木立ち性で、比較的暑さ、寒さに強い。

黄《おう》金《ごん》丸《まる》葉《ば》万《まん》年《ねん》草《ぐさ》

Sedum makinoi 'Ogon'

輝くような黄色い小葉は、黄金のように鮮やか。寒さに強く、敷石の間など庭植えにも。横に枝を伸ばして生長するので、グラウンドカバーとしても重宝。

黄《おう》麗《れい》

Sedum adolphi 'Golden Glow'

黄色系の代表種。寒くなると紅葉し、きれいなオレンジ色に。木立ち性で、生長して上が重くなると、頭をかしげたようになる。別名《月の王子》と呼ぶ。

乙《おと》女《め》心《ごころ》

Sedum pachyphyllum

秋が深まると、淡緑の葉先がピンクに染まり、愛らしい。日によく当てて、水やりと肥料を控えめにすると、より色鮮やか。枝分かれしながら上へ伸びる。

オーロラ

Sedum rubrotinctum 'Aurora'

光沢のある緑葉は、寒さでピンクに紅葉し、美しい。《虹の玉》の斑入り種。木立ち性で、生長すると下葉が取れるので、切り戻すとよい。挿し木で増える。

カメレオン

Sedum reflexum 'Chameleon'

ブルーグレーの細長い葉は、枝分かれしながら上へと生長。気温が下がると全体がピンクに紅葉する。白い斑が入った《カメレオン錦》という品種もある。

小《こ》松《まつ》緑《みどり》

Sedum multiceps

木立ち性で、生長すると茎の下葉は落ちて木質化し、茎の先端だけに細葉を丸く茂らせる。その姿は小さな松の盆栽のよう。寒くなると葉先が赤く紅葉。

コーラルカーペット

Sedum album 'Coral Carpet'

楕円形のプクッとした小葉をつけ、這うように伸び広がる。濃緑から紅葉期になるとシックな赤茶に変化。乾燥にとても強い。株分け、挿し木で増やせる。

ゴールデンカーペット

Sedum makinoi 'Aurea'

黄緑色の鮮やかな小葉が重なる姿は、金平糖のよう。這うように広がり、グラウンドカバーにも向く。蒸れに弱いので、茂ったらカットして風通しよく。

ゴールドビューティー

Sedum mexicanum

緑葉は寒くなると鮮やかな黄緑色に変化。寒さに強く、関東以西では道端でも見かける。這うように横に広がり、上へと立ち上がる。別名《メキシコ万年草》。

白雪《しらゆき》ミセバヤ

Sedum spathulifolium ssp.pruinosum 'Cape Blanco'

青みがかったシルバーの小葉が重なり、一輪の花のよう。寒さに強いが、暑さは苦手なので夏は風通しのよい場所で乾燥ぎみに管理。別名《ケープブランコ》。

白花《しろばな》タイトゴメ

Sedum oryzifolium f. albiflora

モコモコと上に伸びるが、頭が重くなると垂れて這うように広がる。吊り鉢で枝垂れさせてもよい。春〜初夏、白い米粒大の花が咲くことからこの名に。

新玉《しんたま》つづり

Sedum burrito

粒々の小葉が連なって立ち上がり、重みで垂れる。《玉つづり》より小型の品種で黄色く紅葉する。切り戻して枝数を増やすと群生する。別名《ビアホップ》。

ステファニーゴールド

Sedum spurium 'Stephanie Gold'

緑にギザギザの切れ込みをもつ緑葉が特徴。茎は地面を這って横に広がっていく。気温が下がると、徐々に赤茶色に紅葉する。寒さに強く、庭植えも可能。

スプリングワンダー

Sedum versadense

産毛のある肉厚な葉は重なるように育ち、房状に。生育期に茎が上に伸びるので、低めに剪定を。冬、紅葉すると葉の裏が真っ赤に色づき、とても美しい。

玉《たま》つづり

Sedum morganianum

さわやかな緑葉が下垂する姿は美しく、高さのある鉢に植えると、魅力が生きる。枝が伸びすぎたら切り戻しを。葉に触れると取れやすいので、気をつけて。

天使《てんし》の雫《しずく》

Sedum treleasei

ぷっくり肉厚の葉の表面には白い粉がついている。木立ち性で上に伸びるので、ときどき剪定して仕立て直しを。寒くなると、葉の先端がピンクに色づく。

ドラゴンズブラッド

Sedum spurium 'Dragon's Blood'

夏は緑がかった銅葉が、寒さを受けると発色のよい赤紫に紅葉。這い性の赤系セダムは希少。暑さ、寒さ、乾燥に強く、庭のアクセントなどに重宝する。

虹《にじ》の玉《たま》

Sedum rubrotinctum

ジェリービーンズのような葉を連ね、上へと伸びる木立ち性。緑葉は気温が下がると赤く染まり、秋〜冬の紅葉は見事。挿し木でも葉挿しでも増える。

パープルヘイズ

Sedum dasyphyllum var.alternum

青みがかった粒々のような小葉が、冬には美しい紫になる。生長するとモコモコと上や横に伸び、ボリューム感が増す。春、花茎が伸びて白い花を咲かせる。

春萌《はるもえ》

Sedum 'Alice Evans'

セダムの中では大型種。ライムグリーンの葉は寒くなると黄緑色を帯び、先端は赤く染まる。ロゼット型の株元に子株ができる。生長は早く、寒さに強い。

覆輪丸葉万年草《ふくりんまるばまんねんぐさ》

Sedum makinoi f.variegata

《丸葉万年草》の斑入り種。グリーンの丸葉に入る白い縁取りが軽やかで、すがすがしい。とくに新芽がきれいで、這うように広がる。寒さ、暑さ、乾燥に強い。

覆輪万年草《ふくりんまんねんぐさ》

Sedum lineare f.variegata

緑色の細長い小葉の周りを白く縁取る、立ち性タイプの万年草。白い斑は、寒さが増すにつれ、ピンク色に染まる。大きくなって株が乱れたら切り戻しを。

ブレビフォリウム

Sedum brevifolium

ブルーグレーの極小の丸い葉を無数につけ、上へ伸びる。木立ち性の株が群生してこんもりと育つ。寒さには強いが、夏の蒸れには弱い。風通しよく育てて。

プロリフェラ

Sedum prolifera

肉厚の青白い小葉でロゼットを形成し、冬はやさしいピンクに紅葉。脇からランナーをたくさん出すので、動きもあって愛らしい。比較的暑さ、寒さに強い。

松《まつ》の緑《みどり》

Sedum lucidum

艶のあるぷっくりした丸い緑葉は、寒くなると葉先を赤く染める。上に伸びる木立ち性で、生長はゆっくり。寒さと乾燥には強いが、高温多湿の夏は苦手。

丸葉万年草《まるばまんねんぐさ》

Sedum makinoi

黄緑色の丸い小葉を重ねる姿が爽快な、丸葉の万年草。日本原産なので、育てやすい。這い性を生かし、鉢から枝垂れさせても。水のやりすぎに気をつけて。

銘《めい》月《げつ》

Sedum adolphii

《黄麗》と並んで、黄色系の代表種。細長く、落ち着いた葉色が特徴。木立ち性で、生長とともに枝分かれする。秋が深まると、ほんのりオレンジ色に紅葉。

ラベンダー

Sedum muscoideum

紅葉すると、粒々の緑葉は渋めのパープルに色づく。地面を這うというより、斜め上に伸びながら生長し、動きがある。比較的暑さ、寒さに強い。

ルベンス

Sedum rubens

《玉つづり》の小型版のような愛らしさ。黄緑の葉は紅葉期にはオレンジに。赤い茎も印象的。株立ちせず、垂れるように育つ。その姿を吊り鉢で楽しんでも。

レッドベリー

Sedum rubrotinctum 'Red Berry'

プクプクの丸葉を茂らせ、株立ちする。緑葉は、冬になると真っ赤に紅葉し、熟したベリーのよう。《虹の玉》のわい性種といわれる。寒さと乾燥には強い。

セダムの近縁

ムラサキベンケイソウ

ベンケイソウ科ムラサキベンケイソウ属

ミセバヤ

Hylotelephium sieboldii

日本原産で、通年屋外での生育が可能。青みがかった緑葉は丸く、周りをピンクが縁取る。茎は斜めに伸び、やがて株立ちする。紅に染まる紅葉も美しい。

セダムとエケベリアの交配種

セデベリア ベンケイソウ科セデベリア属

スノージェイド

Sedeveria 'Yellow Humbert'

セダム属《乙女心》とエケベリア属《静夜》との交配種で木立ち性。別名《イエローフンバート》。ぷっくりとした細葉で、葉先がオレンジ〜ピンク色に紅葉。

静《せい》夜《や》つづり

Sedeveria 'Harry Butterfield'

セダム属《玉つづり》とエケベリア属《静夜》との交配種で、立ち上がった後、枝垂れるような姿に。パウダーグリーンの葉がきれい。夏の蒸れに注意。

エケベリア ベンケイソウ科エケベリア属

アークティックアイス

Echeveria 'Arctic Ice'

白い粉をまとう青みがかった葉色は上品で、ロゼットも美しい。夏は葉焼けに注意し、半日陰で乾かしぎみの管理を。冬は葉先がほんのりピンク色を帯びる。

アルバ

Echeveria elegans 'Alba'

透明感のあるミルキーな淡い緑がエレガント。ころんと丸いロゼット型も愛らしい。生長スピードはゆっくり。寒さに当たると、葉先がピンク色に染まる。

イリア

Echeveria 'Iria'

淡い緑葉が、冬は透き通るような乳白色に。別名《クリスタル》。子株をよく発生させ、重なるように群生して育つ。夏は半日陰で、乾かしぎみに管理する。

エメラルドリップル

Echeveria 'Emerald Ripple'

名前の由来である、深みのあるエメラルドグリーンの葉が美しい。葉先はピンク。寒さ、暑さには比較的強い。寒さが増すほど赤く染まり、紅葉もきれい。

オータムフレイム

Echeveria 'Autumn Flame'

独特の光沢がある深いワインレッドの波打つ大きな葉が印象的。花は赤く、春から夏にかけて咲く。冬は気温5°C以上の場所で管理すること。

オパール

Echeveria 'Oparl'

赤紫色の鮮やかな葉が目を引く。木立ち性。寒くなると葉は色みを増し、艶やか。よく日に当てると紅葉はよりきれい。夏は半日陰で乾かしぎみの管理を。

オリオン

Echeveria 'Orion'

白い粉をまとうパープルグレーの葉で、葉の縁がほんのりピンク色を帯びる。オランダ生まれの品種で、秋が深まると紅葉し、透明感のある紫色に染まる。

銀《ぎん》武《ぶ》源《げん》

Echeveria 'Ginbugen'

青みがかる乳白色で全体に白い粉を帯びる。きれいなロゼットタイプで、大きく育つと株元から子株を発生させる。春～夏にオレンジ色の花をつける。

久《く》米《め》の舞《まい》

Echeveria spectabilis

濃い緑葉は、寒いと葉先から赤く色づき、ドラマチック。上へと茎を伸ばす性質があり、下葉が落ちて木質化したら、切り戻すとよい。挿し木で増やせる。

サブセシリス
Echeveria peacockii 'Subsessilis'

丸葉で大型になる《ピーコッキー》の変種。ブルーグレーの葉にピンクのエッジが優美。寒くなると、縁のピンクが濃くなる。ある程度大きくなり、群生する。

ジェイドポイント
Echeveria 'Jade Point'

緑色の細長い葉は、葉先が赤く尖っている。寒さに当たると、全体が赤く紅葉して美しい。暑さ、寒さにもわりと強い。生育旺盛で、株全体が大きくなる。

シャビアナ
Echeveria shaviana

ロゼット状の葉の縁が細かく波打つ。葉の表面に白い粉を帯び、ピンク～紫のグラデーションは華やか。夏の暑さは苦手なので遮光を。挿し木で増やす。

ジョアンダニエル
Echeveria 'Joan Daniel'

緑の葉色を引き立てる赤い縁取りと、葉裏の中心の赤い筋が特徴。秋が深まると葉が徐々に色づき、赤く紅葉する。葉は蒸れやすいので水やりは土の上に。

セラナ
Echeveria 'Serrana'

シックな赤茶色の葉は細長く、先は尖っている。春～夏にオレンジ色の花を咲かせ、冬は濃いチョコレートカラーに紅葉。比較的暑さ、寒さに強い。

高砂《たかさご》の翁《おきな》
Echeveria 'Takasago No Okina'

緩やかに大きく波打つ葉を重ねる、大型種。秋、気温が下がると、赤く鮮やかに紅葉する。長雨に当たると蒸れやすい。生育旺盛で茎立ちするのが早い。

チワワエンシス
Echeveria chihuahuaensis

肉厚で白粉を帯びた淡い色の葉で、美しいロゼットを作る。葉先がピンクに染まり、かわいい。紅葉時はピンクが強まる。生長が遅い。葉挿しで増える。

月影《つきかげ》
Echeveria elegans

《エレガンス》の名で知られる原種。淡緑で白い粉を帯びた葉の縁は半透明で神秘的。冬はほんのりピンクに紅葉。子株を増やして群生し、ゆっくり生長。

デレッセーナ
Echeveria 'Deresseana'

肉厚なシルバーブルーの葉を重ねたロゼット型はとても美しく、寒くなると全体にピンクを帯びる。冬は5℃程度まで耐えられる。霜や寒風を避けて。

ドミンゴ

Echeveria 'Domingo'

葉は薄く、白い粉をまとう淡いブルーが美しい。寒くなると葉の縁がピンクに染まり優美。茎が上に伸び、子株が群生するので植え替えて切り戻すとよい。

ネオンブレーカーズ

Echeveria 'Neon Breakers'

フリルのある大きな葉を蛍光ピンクが縁取り、ひと際目立つ。冬は全体が赤紫色に紅葉し、華やか。直径20cmくらいまで生長。日に当たると色づきもよい。

野《の》ばらの精《せい》

Echeveria 'Nobaranosei'

パウダーブルーの葉を密に重ねたロゼットは美しく、野ばらのよう。冬はほんのりピンクがかり、葉先の爪が真っ赤に紅葉する。オレンジ色の花が咲く。

パウダーブルー

Echeveria 'Powder Blue'

名前通りの葉色で、エッジを彩るピンクは鮮やか。紅葉が美しく、葉先を真っ赤に染める。葉は薄く、生育期にぐんと巨大化する。子株がつきやすい。

白《はく》鳳《ほう》

Echeveria 'Hakuhou'

日本生まれの交配種。肉厚で大きなブルーグリーンの葉に、紅を差すようにピンクが混じり、優美。ピンクやオレンジに色づく紅葉もきれい。

花《はな》月《づき》夜《よ》

Echeveria 'Crystal'

薄緑の葉をピンクが縁取り、愛らしい。冬の紅葉も少女の頬のようにやさしいピンクに染まる。夏の蒸し暑さは苦手。《クリスタル》の名で流通することも。

パールフォンニュルンベルグ

Echeveria 'Perle Von Nurnberg'

美しい紫の葉は、寒くなるとより赤みが増して発色もよくなり、エレガント。丸い葉は少し内巻きでやさしげ。木立ち性で、高さが出たら切り戻すとよい。

ピーチプリデ

Echeveria 'Peach Pride'

大きな丸い葉のロゼットが特徴。尖っている葉先はピンク色。紅葉すると葉の上部がピンクに染まり、桃のよう。茎立ちし、大きく育つと、存在感が増す。

ブラックキング

Echeveria 'Black King'

艶のある黒い葉は存在感があり、まさにキングの風格。白く透ける葉先の爪がアクセント。季節で葉色の変化はほぼないが､日当たりがよいと葉色もよい。

ブラックローズ

Echeveria 'Black Rose'

チョコレート色の葉を放射状に重ねた姿は、黒いバラのよう。肉厚な葉に艶はない。寒さに当たると赤みが増し、鮮やかに。大きくなると、株元に子株がつく。

プリンセスパール

Echeveria 'Princess Pearl'

ピンクで縁取る薄い緑の葉にはフリルがあり、エレガントな印象。紅葉も美しく、全体が赤く染まる。大きくなると茎が立ってきて、子株が株元に出てくる。

ブループリンス

Echeveria 'Blue Prince'

青紫の細長い葉は、伸びやかな印象のロゼットを形作り、個性的。春～夏に赤みがかったオレンジ色の花を咲かせる。葉の中央に水がたまりやすいので注意。

マリア

Echeveria 'Maria'

ミントグリーンの葉にピンクの爪が印象的で、美しいロゼットが大輪のバラのよう。冬は葉先のピンク色がより濃くなる。5°Cを下回る場合は防寒を。

マローム

Echeveria 'Malome'

ダークブラウンの色合いはシックで、形のよいロゼットも魅力的。日照が弱いと色が抜けるのでよく日に当てて管理を。上に伸びたら切り戻しを。

みどり牡丹《ぼたん》

Echeveria 'Nicksana'

青みがかった緑葉で形成するロゼットは形がよく、やさしい雰囲気。冬は葉先が赤みを帯びる。上に伸びたら切り戻して、挿し木にしてもよい。

ラウリンゼ

Echeveria 'Laulindsa'

白い粉をまとった淡いブルーの葉をピンクが縁取り、上品。ロゼット型も美しく、繊細そうだが丈夫。夏は過湿に注意し、葉に水をためないで。紅葉もきれい。

リラシナ

Echeveria lilacina

リラシナとは「ライラック色の」という意。葉色はまさに白粉を帯びた薄紫色。葉の形は独特だが、ロゼットの形はきれい。気温5°Cを下回るようなら室内へ。

ローラ

Echeveria 'Lola'

《リラシナ》と《静夜》の交配種。淡く透明感のある葉色できれいなロゼットを形成。全体に大きくなり、子株をつけて群生する。夏は半日陰で風通しよく。

ハオルチア ツルボラン科ハオルチア属

軟葉系

青水晶《あおすいしょう》

Haworthia cooperi var.pilifera

葉が長めなクーペリー種。先端は透明で比較的大きな窓をもつ。日が強すぎると紫色になり色が抜ける。夏は遮光が必要。株元に子株をつけ群生する。

ウンブラティコラ

Haworthia umbraticola

肉厚で短めな葉が集まってコンパクトな草姿。濃いグリーンの葉で、先端にいくにつれ透明に。生育旺盛で株元にびっしりと群生する。株分けで増やせる。

オブツーサ（トルンカータ）

Haworthia cooperi var.truncata

短くて丸みのある緑葉の先端に広がる透明な窓がキラキラ輝く姿から《雫石《しずくいし》》という和名も。葉が密集する小型の人気種。日照具合で深緑の葉は赤～紫に。

玉扇《ぎょくせん》

Haworthia truncate

バサッと切断したような葉先には半透明な窓があり、独創的。その葉を左右対称に伸ばす姿は、横から見ると扇のよう。生長は遅く、他品種より光が必要。

クーペリー清風《せいふう》

Haworthia cooperi

ロゼット状に規則正しく展開する葉の表面に、ゼリーのような透明な窓が大きく広がるクーペリーの一種。株元に子株をたくさん出して群生する。

紫振殿《ししんでん》

Haworthia 'Black Splendens'

小型～中型種。分厚く尖った葉がドーム状に整う草姿で、窓部分に入るストライプ模様は光沢があり、みずみずしい。季節や光量で紫色～黒っぽい色に。

祝宴《しゅくえん》

Haworthia turgida

幅広の葉は長いので、その分窓の面積も広く、全体にクリアでさわやか。尖った葉先を上向きにカールさせる姿は、軽快な印象。子株を出して群生する。

宝草《たからぐさ》

Haworthia cuspidata

ぷっくり肉厚な三角形の葉は印象的。葉の先端に少し窓があり、星形の整ったロゼットを作る。年間を通してさわやかなライトグリーン。子株がよく出る。

ピクタ深海白銀《しんかいはくぎん》

Haworthia picta

放射状に広がる葉の上部が三角形の窓になっているピクタ。青緑の窓に浮かび上がる白い斑模様から、この名に。光が弱いと白色が薄くなり、葉が伸びる。

ボルシー×アラネア

Haworthia bolusii×*Haworthia bolusii var.aranea*

葉の先端や縁から細く伸びる白い毛をもつ《ボルシー》と、白い毛が株を覆う《アラネア》との交配種。夏の過湿に注意。遮光して秋まで水を切るとよい。

ミラーボール

Haworthia 'Mirrorball'

尖った葉は短く、葉の縁に短い白い毛が生える。透明な葉の表裏には葉脈の模様がくっきり出て美しい。日照条件がよいと紫色を帯びる。子株がよく出る。

ミラーボール×ボルシー

Haworthia 'Mirrorball'×*Haworthia bolusii*

光に透ける窓が美しい《ミラーボール》と、葉の先端や縁に白い毛が生える《ボルシー》との交配種。葉先の尖った短い葉を密集させる。夏は乾かしぎみで。

紫《むらさき》オブツーサ×ベヌスタ

Haworthia 'Murasaki Obtusa'×*Haworthia cooperi var. venusta*

紫色の葉の先に大きな窓をもつ《紫オブツーサ》と、葉先がふわふわの微毛で覆われた《ベヌスタ》との交配種。葉全体に白い短毛をまとう美しさが魅力。

ラモサ

Haworthia ramose

葉が重なり巻いている姿は、バラの花が咲いているよう。葉はこれ以上開かず、ゆっくり生長。葉の間に水がたまると蒸れて傷む原因に。水は土にかけて。

ロゼア

Haworthia rosea

黄緑がかった半透明の窓のある葉を重ねる姿は、バラのように優雅。光や水分が不足するとピンクに染まり、華やか。子株がつきやすい。やや強い光を好む。

硬葉系

アテヌアータ

Haworthia attenuate

シャープな印象の硬い緑葉の裏に入る白いまだら模様を、雪に見立てて《松の雪》という別名も。寒くなると葉色は赤く色づく。やや明るめの半日陰で育てる。

スーパービッグバンド

Haworthia 'Super Big Band'

硬葉系の種類で、白い縞模様が特徴の《十二の巻《まき》》の大型種。比較的丈夫で育てやすい。夏は風通しのよい半日陰で。日が強すぎると赤褐色になる。

星《ほし》の林《はやし》

Haworthia reinwardtii var.archibaldiae

先の尖った濃い緑葉の背はふっくら丸みを帯び、そこに無数の白い点模様が入り、星のよう。上へと伸びる。株元から子株を出して群生する。育てやすい。

カランコエ　ベンケイソウ科カランコエ属

兎シリーズ

黒《くろ》兎《うさぎ》

Kalanchoe tomentosa f.nigromarginatas

ふわふわの葉が2枚1対で茎に生える姿を、兎の耳に見立てた人気シリーズ。小型の葉の縁は茶色で、全体に黒っぽい印象。枝分かれしながら上へと生長。

黒《くろ》兎《と》耳《じ》

Kalanchoe tomentosa f.nigromarginatas 'Kurotoji'

細かい毛が生えた肉厚の葉は、フェルトのよう。葉の縁を茶色の斑点が縁取る。寒くなると、黄みがかった葉色に変化。葉に水がたまると葉焼けの原因に。

ゴールデンラビット

Kalanchoe tomentosa 'Golden Girl'

白い毛に覆われた葉は、黄金色に染まって見える。縁に入る斑点がアクセント。生育はゆっくりでコンパクト。冬は5°C以上で。別名《ゴールデンガール》。

白《しろ》兎《うさぎ》

Kalanchoe tomentosa 'Shirousagi'

白い短毛をまとった葉は、雪のように清らかな趣。縁に入る模様も控えめ。夏は少し黄白色を帯びる。真夏の強光や高温多湿な環境は避けて。冬は断水を。

月《つき》兎《と》耳《じ》

Kalanchoe tomentosa

名前に「兎」がつくシリーズの代表種。青みがかった葉に産毛が生え、縁取るようにこげ茶の斑点が入る。高温多湿と寒さに弱く、冬は最低5°C以上で。

福《ふく》兎《と》耳《じ》

Kalanchoe eriophylla

「兎」の名をもちながらも別種。葉は大変白く、この色が持ち味。産毛も長く、密に生える。葉は小さめで、枝分かれして生長。日当たりが悪いと徒長する。

ブラウンバニー

Kalanchoe tomentosa 'Brown Bunny'

茶色で縁取られた葉は細長く、葉先にいくほど色が濃くなりグラデーションが美しい。別名《孫悟空》。夏は直射日光と、過湿による蒸れに注意。

星《ほし》兎《と》耳《じ》

Kalanchoe tomentosa 'Star'

葉の縁に入る点状の模様が星のように見えることから名付けられた。青みがかった葉との対比もきれい。夏は少しクリーム色に。長雨には当てないで。

その他

江戸《えど》紫《むらさき》

Kalanchoe marmorata

赤紫のまだら模様が目を引く。縁に緩やかな切れ込みが入る。紅葉期になると葉は色づき、模様もより鮮やか。寒さに弱いので、冬は日差しの入る室内へ。

銀《ぎん》スプーン

Kalanchoe bracteate

白い粉をまとったスプーンのような形をしたシルバーリーフが、枝分かれしながら上へと生長。自然樹形が美しい。葉に触れると外れやすい。寒さに弱い。

錦《きん》蝶《ちょう》

Kalanchoe tubiflora

四方に細長い葉を伸ばし、先端に子株をつける、独創的なフォルム。ピンク地に入る黒い模様も斬新。日当たりを好むが夏は半日陰に。寒さと湿気は苦手。

子《こ》宝《だから》草《そう》

Kalanchoe daigremontiana

切れ込みのある葉の縁に無数の子株が出てくる。土の上に落ちると根を張り、生長。暑さに強いが、蒸れは苦手。夏は風通しよく。別名《子宝弁慶草》。

胡《こ》蝶《ちょう》の舞《まい》

Kalanchoe fedtschenkoi

ギザギザの縁をピンクが彩る平たい葉を重ねるように上へと伸びる。紅葉すると赤紫に色づく。日に当てると葉色がきれいで間延びしない。寒さに弱い。

スカピゲラ

Kalanchoe scapigera

団扇のような形をした葉で、茎を立ち上げ、上へと生長する。紅葉すると濃い緑から黄緑になり、葉先から赤く色づく。冬は日当たりのよい室内へ。

仙女《せんにょ》の舞《まい》

Kalanchoe beharensis

産毛で覆われたベルベット状の葉は、動きのある独特な形。淡い茶褐色の新葉は、生長すると灰緑色に。丈夫な大型種で《ベハレンシス》の名でも流通する。

仙人《せんにん》の舞《まい》

Kalanchoe orgyalis

表は茶、裏はシルバーがかった、ビロード調の葉はおしゃれで個性的。生長は遅いが、大きくなると茎は木質化し、低木状になる。寒さに弱い。風通しよく。

白銀《はくぎん》の舞《まい》
Kalanchoe pumila

白い粉で覆われたシルバーリーフの縁には切れ込みが入る。枝分かれしながら上へと伸び、舞い上がるような躍動感がある。株が乱れたら切り戻しを。

不死鳥《ふしちょう》
Kalanchoe 'Phoenix'

細長い葉に黒紫の個性的な模様が入る。葉の縁に無数の子株がつき、自然落下するとどんどん増える。日照不足では葉色が冴えない。夏と冬は乾燥ぎみに。

フミリス
kalanchoe humilis

青みがかった緑の丸い葉に赤紫の縞模様が入り、ワイルドな印象。子株が出て群生する。水分が多いと模様がきれいに出なくなる。夏の蒸れと寒さは苦手。

冬《ふゆ》もみじ
Kalanchoe grandiflora 'Fuyumomiji'

切れ込みの深い葉はカエデのよう。緑葉は、気温が下がるとオレンジ色に染まり美しい。伸びすぎたら剪定して整える。寒さに弱いので、冬は室内で管理。

ベハレンシス'ファング'
Kalanchoe behalensis 'Fang'

短毛に覆われた大きな葉はフェルトのような質感。葉裏の突起が印象的。生長はゆっくり。大きくなると下葉は落ち、木質化する。蒸れに弱く、風通しよく。

ベハレンシス'ホワイトリーフ'
Kalanchoe beharensis 'Whiteleaf'

葉も茎も白い微毛で覆われてビロードのような質感。葉の縁はギザギザで、緩やかに波打つ。上へと生長し大きくなる。日差しは必要だが、葉焼けに注意。

ミロッティー
Kalanchoe millotii

白い短毛に覆われ、縁がギザギザになった淡い緑の葉は、フェルトのような質感。寒さは苦手だが、寒くなると茶褐色に紅葉。徐々に背が高くなる。

雷鳥《らいちょう》
Kalanchoe gastonis-bonnieri

葉色が夏毛の雷鳥に似ていることから命名。1枚の葉が50㎝ほどの大きさになることも。葉の先に子株ができ、増える。冬は日当たりのよい室内で。

ユーフォルビア　トウダイグサ科ユーフォルビア属

アノプリア

Euphorbia anoplia

サボテンに似た風貌で、胴に入る縞模様が味わい深い。生長は遅いが上に伸び、稜（トゲのあるところ）が増えて形も変わる。地下茎で増え、小株が出る。

オベサブロウ

Euphorbia 'Obesa Blow'

球状の多肉質は子株がよくつき、上に伸びて株元は木質化する。子株を親株から外して挿し木で増やすことができる。毒性のある白い樹液に気をつけて。

オンコクラーダ綴《てっ》化《か》

Euphorbia oncoclada f.crist

細い円柱状の茎をもつ《オンコクラーダ》の綴化種。茎ごとの生長点が帯状につながり、扇形で生長。先端部分に子株が出て愛らしい。夏は明るい日陰で。

怪《かい》魔《ま》玉《ぎょく》

Euphorbia 'Kaimagyoku'

頭頂部に細長い葉をふさふさと生やし、ユーモラス。幹の部分でゴツゴツして見えるのは、葉が落ちたあと。長雨時はより風通しに注意。冬は明るい室内で。

紅《こう》彩《さい》閣《かく》

Euphorbia enopla

全体を覆う、赤くて長いトゲが目を引く。日によく当てるとトゲの色がよりきれいに。丈夫だが、多湿は根腐れの原因に。冬は水やりを控え、室内管理を。

笹《ささ》蟹《がに》丸《まる》

Euphorbia pulvinata

徐々に幹を立ち上げて生長し、子株が出て群生化しやすい。春の生育期に頭頂部から細長い葉を出し、赤いトゲも出る。とても丈夫で育てやすい。

白《しら》樺《かば》キリン

Euphorbia mammillaris 'Variegata'

白い胴体にピンクのトゲが愛らしい。子株もよく吹く。《マミラリス》の斑入り種。日当たり、水分量、寒暖差などの条件が合えば、冬にピンクに紅葉する。

美《び》星《せい》玉《ぎょく》

Euphorbia 'Biseigyoku'

玉形のサボテンのような形。生長すると稜が増え、上に伸びる。ある程度育つと下から子株がどんどん吹いてくる。よく日の当たるところで管理。

ラザフィンドラシア

Euphorbia razafindratsirae

四方に枝を伸ばすマダガスカル原産の塊根種。縁が波打つ緑の葉は、多肉質ではない。淡い黄色の苞も美しい。直径25～30㎝ほどの大きさに生長する。

サボテン　サボテン科

アズレウス
ピロソケレウス属
Pilosocereus azureus

青みがかった肌に黄色のトゲが映える柱サボテン。生長すると刺座の綿毛が目立ってくる。和名は《金青閣《きんせいかく》》。冬は乾かしぎみに管理。

英冠玉《えいかんぎょく》
パロディア属（旧エリオカクタス属）
Parodia magnifica

王冠のようなフォルムで、トゲは細く金色をしている。夏、頭頂部に黄色い花を咲かせる。生長するにつれて円筒状になり、株元から子株が出て群生する。

老楽《おいらく》
エスポストア属
Espostoa lanata

白いふわふわの毛が印象的。上へと伸びる柱サボテンで生長はゆっくり。夏は風通しのよい半日陰で乾かしぎみに。雨ざらしは毛が汚れるので軒下に移動。

唐金丸《からかねまる》
マミラリア属
Mammillaria canelensis

イボサボテンと呼ばれるマミラリアの仲間。生育が緩やかで、春～夏にピンクの花も咲く。日にしっかり当て、風通しよく。日照不足は形が悪くなる原因に。

金獅子《きんじし》
セレウス属
Cereus variabilis f.monstrosus

褐色のトゲは柔らかい。セレウス属は柱サボテンのグループだが、分頭を繰り返し、生長点が複数ある石化《いしか》した状態で、とても個性的な樹形に。

金鯱《きんしゃち》
エキノカクタス属
Echinocactus grusonii

黄色の大きく鋭いトゲが美しく、球状のまま大きくなる。日なたを好み、日照不足ではトゲが貧弱に。冬でも5°C以上必要。下回ると肌に赤い斑点が出る。

金盛丸《きんせいまる》
エキノプシス属
Echinopsis calochlora

丸い形を維持しながら生長し、株元に子株を出し、群生する。長雨などの多湿は根腐れの原因に。夏に白い大輪の花を咲かせる。真夏は直射日光を避けて。

金装竜《きんそうりゅう》
エスポストア属
Espostoa guentheri

短く黄色いトゲが美しい柱サボテン。比較的丈夫だが、生育は遅め。夏の蒸し暑さが苦手。夏は強光と過湿を避けて、風通しのよい場所に置いて。

幻楽《げんらく》
エスポストア属
Espostoa melanostele

白くて長い毛に覆われている柱サボテン。鋭いトゲを突き出す。毛に水がかかると汚れてしまうので、土にかけて。日当たりと風通しよく。寒さは苦手。

黄金司《こがねつかさ》

マミラリア属

Mammillaria elongate

小型で、黄色のトゲを放射状に反り返らせる姿は、別名の《金手毬《きんてまり》》そのもの。生長が早く、株元に子株がよく吹き、群生する。多湿に注意し、風通しよく栽培。

新天地《しんてんち》

ギムノカリキウム属

Gymnocalycium saglionis

ボコボコとした球形と、長くて太いトゲが特徴。太い根に水分を蓄える。強い日差しが苦手で遮光ぎみに。冬は日当たりのよい窓辺で、ほぼ断水で管理。

短毛丸《たんげまる》

エキノプシス属

Echinopsis eyriesii

短いトゲが特徴。球形は生長するにつれ、円筒形に。生長が早く、子株がよく吹く。株が育てば、白〜淡黄の花を咲かせる。霜を避ければ屋外で越冬も。

デブレッチ

オプンティア属

Opuntia debreczyi

団扇状の茎が積み重なるように生長する、団扇サボテン。濃い緑が目を引く。日照不足は徒長し、形が崩れる原因に。寒さにも強く、丈夫で育てやすい。

般若《はんにゃ》

アストロフィツム属

Astrophytum ornatum

球体に星をちりばめたような白い斑点が入る。長く鋭いトゲと、スクリューのような迫力ある草姿が魅力。日当たりを好む。冬でも完全断水はしないで。

武倫柱《ぶりんちゅう》

パキケレウス属

Pachycereus pringlei

トゲに覆われた、柱サボテン。複数の稜を持ち、その表面には白色の綿毛に覆われた刺座をもつ。新しいトゲはオレンジから褐色に変化。寒さは苦手。

紫太陽《むらさきたいよう》

エキノセレウス属

Echinocereus rigidissimus var. rubrispinus

鮮やかな紫のトゲが華やか。全体に細かいトゲがあり、触っても痛くない。小型の柱サボテン。株元から小株が出る。日によく当てるとトゲの発色がよい。

ライオン錦《にしき》

オレオケレウス属

Oreocereus neocelsianus

ふさふさの白くて長い毛をまとい、鋭い黄色のトゲがツンツンと生える。華のある小型の柱サボテン。夏にピンクの花を咲かせる。真夏は日陰で風通しよく。

瑠璃鳥《るりちょう》

レブチア属（旧アイロステラ属）

Rebutia deminuta

よく子株を吹き、群生。株元やイボの脇から花芽が上がり、春にオレンジがかった花を咲かせる。強い直射日光には弱い。夏は風通しのよい明るい日陰で。

アガベ キジカクシ科アガベ属

イシスメンシス
Agave isthmensis

ギザギザの縁をもつシルバーグリーンの葉はきれい。その葉の先端には太いトゲがあり、迫力満点。整ったロゼット型も美しい。乾燥に強い。別名《雷帝《らいてい》》。

笹《ささ》の雪《ゆき》
Agave victoriae-reginae

放射状に広がる細長い緑葉に入る、白い斑模様はエレガント。子株を出して群生する。暑さ、寒さに強いが、蒸れに弱い。夏の直射日光や冬の霜も避けて。

滝《たき》の白糸《しらいと》
Agave leopoldii

シャープな葉は真ん中から四方に広がり、葉に沿うようについているカールした白い糸が躍動的で美しい。乾燥に強い。日照不足になると徒長しやすい。

ピグマエア‘ドラゴントゥース’
Agave pygmaea ‘Dragon Toes’

葉の縁にある細かいトゲの様子から、“恐竜のつま先”の名が。銀灰色の葉も美しい大型種。親株が充実すると、周りに子株ができる。冬は霜に当てないで。

吹上《ふきあげ》
Agave stricta

細長い緑の葉が噴水のように勢いよく広がり、伸びやか。寒さに比較的強く、関東以西なら屋外で通年育てられる。多湿に注意。風通しと日当たりはよく。

ブラクテオサ‘モンテレイフロスト’
Agave bracteosa ‘Monterrey Frost’

長くてしなやかな細葉にトゲはなく、白い斑が縁取り、涼やか。小型種。生長とともに葉の枚数が増えて、丸い形に。葉は折れやすい。寒さと乾燥に強い。

ブルーエンバー
Agave ‘Blue Ember’

ブルーグリーンの葉と、縁のギザギザを彩るえんじ色との対比が見事。乾燥に強い反面、多湿に弱い。鉢の受け皿に水がたまったままだと根が傷む原因に。

ブルーグロー
Agave ‘Blue Glow’

青みがかった葉を褐色の斑が縁取り、美しい。縁には細かいトゲも。日によく当てると、葉色が冴える。葉に水がかかると蒸発あとが白く残るので気をつけて。

ホリダ
Agave horrida

艶のある濃い緑の縁に沿って、白と茶褐色の鋭いトゲが踊るようにつき、ユニーク。暑さ、寒さに強く、地植えも可能。蒸れを嫌うので、風通しよく。

アロエ　ツルボラン科アロエ属

エクシミア

Aloe eximia

マダガスカルの高山で近年発見された種。白い粉を帯びたブルーグリーンの葉がきれい。シャープな葉をくねらせるように生長する。寒さにも比較的強い。

カピタータ

Aloe capitata

葉を縁取る赤いギザギザのトゲが印象的。鮮やかな緑葉は、気温が下がると紫を帯びて美しい。耐寒温度は0°Cなので、冬は乾燥ぎみにして明るい室内で。

スプラフォリアータ

Aloe suprafoliata

左右対称に細長い葉を広げる姿はスタイリッシュで魅力的。葉は伸びると重みで下にカーブする。冬はよく日の当たる窓辺で乾かしぎみの管理を。

ファイアーバード

Aloe 'Firebird'

白い斑点がアクセントの細葉がきれい。よく枝分かれし、群生する。秋に長い花茎を伸ばし、オレンジ色の花が咲く。5°Cを下回る冬は室内で。日なたを好む。

フェロックス

Aloe ferox

太くて大きい葉に鋭いトゲがある木立ち性。上へと伸び、下葉は枯れて木質化する。日当たりと風通しのよい場所で管理。5°Cを下回らない環境で。

ペグレラエ

Aloe peglerae

肉厚でトゲのあるブルーグリーンの葉は内巻きになり、生長すると美しいロゼットを作る。赤い小さなトゲも美しい。冬は凍結しないよう室内で管理。

ヘレロエンシス

Aloe hereroensis

葉の形や色合いから、和名は《青刀錦》。肉厚の葉には斑点が入る。幼い株は葉を左右に展開するが、生長するとロゼットに。生長は遅い。日によく当てる。

ラモシッシマ

Aloe ramosissima

葉は上向きにつき、上へと生長。枝が出やすく、木立ち状になる。下葉は枯れて木質化し、まとまりのよい株になる。真夏の強光は葉焼けの原因に。

アロエの近縁

アロイデンドロン

ツルボラン科アロイデンドロン属

ディコトマ

Aloidendron dichotomum

旧アロエ属。原産地アフリカでは最大10mに。若い株でも株立ちし、木質化してくる。真夏によく生長する。日当たりを好み、寒さにも比較的耐える。

リトープス　ハマミズナ科リトープス属

アルビニカ

Lithops lesliei ‘Albinica’

窓全体に入る鮮やかな黄色と、株の青みがかった緑との対比が美しい。群生しやすい。和名は《白花《しろばな》黄《き》紫勲《しくん》》。秋に白い花をつける。

琥《こ》珀《はく》玉《ぎょく》

Lithops bella

頂面が丸くふくらみ、ハート形に見える。窓に入る茶褐色の枝模様が鮮明に現れる。分頭し、群生しやすい。秋に白い花が咲く。赤色の変異種《赤琥珀》も。

トップレッド

Lithops ‘Top Red’

フラットな頂面に発色のよい赤い編み目模様がくっきりと入るのが特徴。脱皮を繰り返すと、分頭することも。夏は少し遮光し、梅雨～夏の間は断水を。

日《にち》輪《りん》玉《ぎょく》

Lithops aucampiae

赤褐色の肌の頂面に濃いブラウンの編み目模様が入る。よく脱皮して株も増えやすい。秋に黄色い花が咲く。多湿が苦手で夏は断水ぎみに。寒さには強い。

福《ふく》来《らい》玉《ぎょく》

Lithops julii ssp. fulleri

肌は滑らかなピンクベージュで、窓は赤茶色。そこにひび割れ模様が浮かび上がり、目を引く。秋には白い花も。赤みの強い《紅福来玉》など種類が多い。

ホルニー

Lithops lesliei var.hornii

平らな頂面は、茶褐色の細かい模様で覆われる。割れ目は浅く、秋に咲く花は黄色。高温多湿は苦手。梅雨～夏は断水ぎみに。別名《宝《ほう》留《る》玉《ぎょく》》。

緑《みどり》福《ふく》来《らい》玉《ぎょく》

Lithops julii ssp.fulleri ‘Fullergreen’

《福来玉》の色素が抜け、緑化した変異種。エメラルドグリーンがさわやか。秋に白い花を咲かせるが、開花時に水分不足だとうまく咲かないこともある。

紫《むらさき》福《ふく》来《らい》玉《ぎょく》

Lithops julii ssp.fulleri

《福来玉》の紫化した変異種。紫の肌に、濃い赤紫色のひび割れ模様が入る人気種。夏はほぼ断水。秋に入ったら水やりを開始する。秋に白い花を咲かせる。

リトープスの近縁

ラピダリア　ハマミズナ科ラピダリア属

魔《ま》玉《ぎょく》

Lapidaria margaretae

ラピダリア属は、《魔玉》のみの一属一種。同じハマミズナ科の仲間とまとめて、メセンと呼ばれることも。夏は遮光下でほぼ断水。秋に黄色い花を咲かせる。

リプサリス　サボテン科リプサリス属

エリプティカ

Rhipsalis elliptica

幅広の葉のような茎が分枝しながらつながり、奔放に伸びる。日照が強いと、緑葉は赤茶色になり、シック。春に咲く白い小花は茎の縁に連なり、華やか。

カシエロ

Rhipsalis caciero

紐状の茎を分枝させ、しなやかに伸びて広がる姿は緑のシャワーのよう。ボリューム感のある株はさわやか。春、剪定して風通しよくすると、蒸れ予防にも。

カピリフォルミス

Rhipsalis capilliformis

分枝しながら円柱状の繊細な茎を連ねて枝垂れる姿は、柔らかな趣。新芽は黄緑色で、時間とともに深い緑に変化。直射日光は避け、長雨のときは軒下に。

キルベルギー

Rhipsalis kirbergii

細長く角ばった茎が枝分かれを繰り返して枝垂れ、存在感がある。明るい日陰を好む。水切れでしおれても水やりすればすぐに復活。冬は5°C以上の室内に。

ケレウスクラ

Rhipsalis cereuscula

米粒のような明るい緑色の茎を連ねて自由に伸びる姿は軽やか。ときどき茎を長く伸ばすが、その先では枝分かれを繰り返す。別名《青柳》。過湿に注意。

ネベスアルモンディー

Rhipsalis neves-armondii

透明感のある円柱形の茎はよく分枝し、線香花火のように広がる。長くなると枝垂れてくる。生長すると、茎の先に淡い黄色の小花を咲かせる。

メセンブリアンテモイデス

Rhipsalis mesembryanthemoides

プクプクとした茎が密集してつき、かわいい。伸びると垂れてくる。生長すると、春に可憐な白い花も。強い光は苦手。鉢の受け皿に水をためないように注意。

リプサリスの近縁

ハティオラ　サボテン科ハティオラ属

サリコルニオイデス

Hatiora salicornioides

短い茎をポキポキつなぎ、枝分かれしながら伸びて枝垂れる。和名は《猿《さる》恋《こい》葦《あし》》。初夏に黄色い花を咲かせる。夏の過湿は蒸れの原因になるので注意。

クラッスラ　ベンケイソウ科クラッスラ属

アイボリーパゴダ

Crassula 'Ivory Pagoda'

白い微細な毛に覆われた短い葉が重なるようにして生長。子株をつけやすく、不思議な草姿で群生する。生長は非常に遅い。夏は風通しよく、水を控えめに。

赤鬼城《あかおにじょう》

Crassula fusca

気温の低下とともに、緑葉は鮮やかな赤に紅葉する。株元に子株を増やし、コンパクトな草姿で生育。水を控えめにし、日に当てると紅葉がよりきれい。

茜《あかね》の塔《とう》

Crassula capitella

幾何学的な葉が密に重なり伸びていく様子は塔のよう。夏は緑の葉も気温の低下とともに茜色に。春に咲く白い小花は香りがよい。夏の蒸し暑さは苦手。

アルボレッセンス

Crassula arborescens

赤く縁取られた丸葉がかわいく、葉にできる斑点も特徴。幹立ちして大きくなる。寒さに当たると、緑葉がピンクに紅葉。夏の直射日光と、冬の凍結に注意。

ヴォルケンシー

Crassula volkensii

えんじの斑点が入る小葉で、四方に枝を伸ばす。夏は青々とした緑葉が、寒さとともに赤く紅葉する。春に白い小花が咲く。寒さに弱く、最低10°C以上。

花月錦《かげつにしき》

Crassula ovata f.variegata

金のなる木の名で流通している《花月》の斑入り種。夏型。白い斑入り部は、紅葉期にピンクに染まる。背が高くなったら、春に切り戻して挿し木にしても。

紀《き》の川《かわ》

Crassula 'Moonglow'

三角の葉を交互に重ねて展開し、塔のように上へと生長。どっしりとした存在感が魅力。葉には産毛が密集しマットな質感。夏は蒸れないよう風通しよく。

クーペリー

Crassula cooperi

葉の表は緑で赤い斑点があり、裏は赤褐色で、モコモコと群生する小型種。初夏～夏に咲くピンクの小花はかわいい。多湿に弱く、乾燥ぎみに育てて。

クラバータ

Crassula clavata

真っ赤な肉厚の葉が印象的。南アフリカ原産。開花は春先。秋～春、日によく当てると、きれいに色づく。増えやすいので、生長期の春に仕立て直しても。

小《こ》米《まい》星《ぼし》

Crassula 'Tom Thumb'

小さい三角形の葉を交互に重ねる極小種。よく分枝し、群生しやすい。緑葉の縁から赤く染まる紅葉もきれい。別名を《姫星》ともいう。丈夫で育てやすい。

コルデタ

Crassula cordata

ひらひらカールした葉はユニークで、躍動感のある草姿は楽しそう。春先、花茎が伸びて極小の花が咲く。紅葉期には葉がピンクに染まりかわいらしい。

十《じゅう》字《じ》星《ぼし》

Crassula perforate var. 'Jyujibosi'

ライムグリーンの三角形の葉を交互に重ね、塔のように育つ、星シリーズの一種。葉の縁からピンクに紅葉する。枝分かれしにくい。夏の高温多湿に注意。

神《じん》刀《とう》

Crassula perfoliata var.falcata

刀の形をした大きな葉を左右交互に出しながら上へと生長。南アフリカ原産。大株に育つと、脇から子株が出ることも。冬は3°C以上の室内で管理。

高《たか》千《ち》穂《ほ》

Crassula turrita

黄緑の三角形の小葉が密に重なり、ユニーク。生育期には株を立ち上げるのでコンパクトに保ちたいならカットを。あまり紅葉せず、別名を《青鬼城《あおおにじょう》》とも。

玉《たま》稚《ち》児《ご》

Crassula arta

白い葉を左右対称に出し、上へと生長。イモムシが立ち上がったような姿は独創的。夏の蒸れと暑さが苦手なので、夏は半日陰で管理。越冬温度は3°C。

ツクバネ

Crassula schmidtii

ツンツンとした細長い緑葉が深みのある渋い赤に色づき、見事。生長すると、動きも出る。夏にピンクの小花が咲く。花茎を元から切ると新芽が出る。

パンクチュラータ

Crassula punctulata

シルバーグリーンの小さな葉が繊細な印象。枝分かれしながら上へと生長し、群生する。夏の蒸れに気をつけて。丈夫で、−1〜2°Cまでなら屋外でも育つ。

火《ひ》祭《まつ》り

Crassula americana 'Flame'

十字に広がる葉は、夏はライムグリーンで、冬には鮮やかな赤に。赤く燃え上がるような紅葉は、名前通り。暑さ、寒さに強く、寒冷地以外は戸外で越冬可。

火《ひ》祭《まつ》りの光《ひかり》

Crassula americana 'Flame' *f.variegata*

《火祭り》の斑入り種。黄緑の葉にアイボリー色の斑が縁取るように入る。冬は斑入り部がピンクに色づき、華やか。乾燥に強く、水やりは控えめに。

ブルーリボン

Crassula 'Blue Ribbon'

うねりのあるリボンが生えているような草姿は目を引く。木立ち性で上へと生長する。寒くなると、葉の縁が赤く紅葉。別名を《リップルジェイド》とも。

ブロウメアナ

Crassula expansa ssp.fragilis

小さな丸い葉がチャーミング。生育旺盛で、横に広がる。緑葉と赤い茎との色の対比もきれい。真夏は半日陰に置いて葉焼け予防を。耐寒性はやや低い。

紅《べに》稚《ち》児《ご》

Crassula radicans

緑の葉は、気温が下がると真っ赤に色づく。春、赤い花茎を伸ばして白い小花が咲く。木立ち性で、群生させるときれい。霜に気をつければ、耐寒性もある。

ペルシダ

Crassula pellucida

地を這うように横に広がり、生長。葉裏がピンクを帯びるので、斑入り葉に縁取りが入ったような印象。寒くなると全体に赤紫色に紅葉。暑さ、寒さに強い。

星《ほし》の王子《おうじ》

Crassula conjuncta

赤い縁取りのある三角形の葉を交互に重ねて塔のように立ち上がる姿は、ユーモラス。秋から葉先が紅葉。株元から新芽が出て群生する。乾燥に強い。

ホービット

Crassula ovata 'Hobbit'

ロバの耳のような葉で、主茎を伸ばして木立ち化する。気温が下がると、緑葉が黄色みを帯び、葉先も赤く紅葉。《花月》の園芸種で夏型。冬は室内で。

舞《まい》乙《おと》女《め》

Crassula 'Jade Necklace'

肉厚の小葉を左右交互に重ねて上へと伸びる姿は個性的。寒くなると、葉の縁が赤く紅葉する。夏は明るい日陰で風通しよく。蒸れに弱い。挿し木で増える。

南《みなみ》十《じゅう》字《じ》星《せい》

Crassula perforata f.variegata

《星の王子》の斑入り種。緑葉をクリームの斑が幅広に縁取るのが特徴。寒さに当たると、縁からピンクに染まる。真夏は半日陰で。挿し木で増やせる。

ムスコーサ
Crassula muscosa

小さく硬い三角の葉を密に重ねる草姿から、《青鎖竜《せいさりゅう》》という別名も。大きくなると、葉の間から子株を出す。強い日差しは葉焼けの原因に。

紅葉《もみじ》祭《まつ》り
Crassula 'Momiji Matsuri'

《火祭り》と《赤鬼城》の交配種。《火祭り》より葉は細長く規則的に並ぶ。気温が下がると色づく紅葉は見事。夏は緑色に。寒冷地以外なら屋外で越冬可。

ルペストリス
Crassula rupestris

白い粉をまとうライムグリーン色の小葉を十字に重ね、上へと伸び、生長すると自然に枝分かれする。春先に小さな花を咲かせる。伸びたら切り戻しを。

レモータ
Crassula remota

白い産毛が生えたアーモンド形の小さなシルバーリーフは、寒くなると赤紫に紅葉。生育旺盛でよく分枝し、這うように生長。鉢の縁から枝垂れさせても。

ロゲルシー
Crassula rogersii

ラグビーボールのようなぷっくりとした葉をもつ。冬は鮮やかな黄色になり、葉先や茎は真っ赤に色づく。日光を好むが夏は葉焼けに注意。冬は5°C以上で。

呂千絵《ろちえ》
Crassula 'Morgan's Beauty'

円形のシルバーの葉を四方に広げるように重ね、積み上がる不思議な草姿。子株を出して群生し、コンパクトに育つ。多湿が苦手な冬型。雨ざらしは避けて。

若緑《わかみどり》
Crassula lycopodioides var. pseudolycopodioides

ウロコ状の小さな葉を重ね、すらりと伸び上がる姿が美しい。放任すると適度に枝垂れ、おもしろい。暑さ、寒さ、乾燥に強いが、霜には当てないで。

ワテルメイエリー
Crassula atropurpurea var.watermeyeri

産毛のような毛に覆われた楕円形の緑葉は、渋めの赤に紅葉。上や横に枝を奔放に伸ばして育つ。伸びすぎたら剪定し、その枝を使って挿し木で増やせる。

クラッスラの近縁

シノクラッスラ
ベンケイソウ科シノクラッスラ属

天竺《てんじく》
Sinocrassula densirosulata

丸みのある小葉は紅葉するとオレンジがかった色に。生長はゆっくりで、脇芽を出して群生。丈夫で育てやすい。夏は半日陰で乾かしぎみの管理を。

アエオニウム　ベンケイソウ科アエオニウム属

カシミアバイオレット
Aeonium arboreum 'Velour'

丸みを帯びた葉が作る大きなロゼットは迫力があり、存在感抜群。よく分枝し、ボリュームある株に。冬にきれいな赤茶に色づく。別名の《ベロア》でも流通。

黒《くろ》法《ほう》師《し》
Aeonium arboreum 'Zwartkop'

艶のある黒いロゼット型の葉は、黒バラのような趣。アエオニウムの代表種。木立ち性なので伸びたら切り戻して形を整える。冬は日当たりのよい室内で。

小人《こびと》の祭《まつ》り
Aeonium sedifolium

米粒のような短い葉が群生。緑の葉に入った赤いラインも印象的。生長すると茎が株立ちして低くこんもり茂る。紅葉期には緑葉もオレンジ色に染まる。

姫《ひめ》明《めい》鏡《きょう》
Aeonium tabuliforme var.minima

微毛の生えた緑葉は重なり、平らに広がっていく珍しいタイプ。株元に子株がよく出るので株分けで増やせる。過湿を嫌うので風通しよく。紅葉はしない。

まだら黒《くろ》法《ほう》師《し》
Aeonium arboreum var.rubrolineatum

細長い褐色の葉に、濃い紫のまだら模様が入り、美しい。夏の休眠期にこの縞状の模様が強く出る。生長すると茎立ちし、大型に。夏は直射日光を避けて。

夕《ゆう》映《ば》え
Aeonium haworthii 'Tricolour'

冬は葉の縁が真っ赤に彩られ、新芽は黄色みを帯びる。子株が増えやすく、細かく枝分かれして育つ。夏は生長が止まり休眠状態に。多湿を避け半日陰で。

アエオニウムの近縁

アイクリソン　ベンケイソウ科アイクリソン属

愛《あい》染《ぜん》錦《にしき》
Aichryson domesticum 'variegata'

淡い黄緑色の斑とさわやかな緑葉との対比が美しい人気種。蒸れと寒さに弱い。夏は半日陰で葉焼けを防ぎ、冬は日の当たる室内で。

レモネード
Aichryson 'Lemonade'

短毛のあるさわやかな緑葉は、触ると粘着性がある。整ったロゼット型は見映えがよい。上に伸びて株立ちする。高温多湿が苦手。冬は黄色く紅葉。

コチレドン　ベンケイソウ科コチレドン属

オルビキュラータ
Cotyledon orbiculate

肉厚な大きな葉は白い粉に覆われ、赤い縁取りとのコントラストがきれい。紅葉期は葉先がさらに真っ赤に。生育が早く、数年で大株に生長。育てやすい。

銀《ぎん》波《ば》錦《にしき》
Cotyledon undulata

フリル状になった扇形のシルバーグレーの葉は大きく、白い粉をまとう。粉が落ちるので、葉に水をかけないで。高温多湿は苦手。夏は遮光し、乾かしぎみに。

熊童《くまどう》子《じ》
Cotyledon tomentosa ssp. Ladismithensis

産毛に覆われた肉厚な葉の先端にはギザギザの突起があり、子熊の手のよう。紅葉時、先端の赤みが増す。育つと茎は立ち上がる。暑さで葉が落ちることも。

熊童《くまどう》子《じ》錦《にしき》
Cotyledon ladismithiensis f.variegata

《熊童子》の斑入り種。白斑と黄斑があり、白斑のほうがデリケート。《熊童子》より暑さ、寒さに弱い。夏は直射日光を避けて風通しよく、乾かしぎみに。

ゴルビュー
Cotyledon elisae

緑葉を縁取る赤いラインは美しく、紅葉時は濃く鮮やかに。5～7月に咲く釣り鐘状のオレンジ～赤い花もかわいらしい。生長はゆっくりで上に伸びる。

福《ふく》娘《むすめ》
Cotyledon orbiculata 'Oophylla'

細長い葉は白い粉を吹き、エッジを紅色が彩る。上へと伸びていく。雨に当たると、白粉が落ちて黒い斑点がつくことも。強い日差しを避け、乾かしぎみに。

ふっくら娘《むすめ》
Cotyledon orbiculata 'Fukkura'

ふっくらとした葉は白い粉を吹き、緑にうっすらと赤いラインが見える。《福だるま》という流通名も。徒長しやすいので日によく当てて。夏は葉焼けに注意。

紅《べに》覆《ふく》輪《りん》
Cotyledon macrantha var.virescens

赤く縁取る大きな楕円状の葉が目を引く。気温が下がると、さらに真っ赤に。生育旺盛で、幹立ちする大型種。株元に子株も出てくる。真夏は半日陰で。

ペンデンス
Cotyledon pendens

ころころとした小葉はかわいらしく、這うように伸びる。鉢から枝垂れさせて楽しんでも。強い光や長雨は避けて。葉が黄色く変色したら、追肥のサイン。

グラプトペタルム　ベンケイソウ科グラプトペタルム属

朧月《おぼろづき》

Graptopetalum paraguayense

生長するにつれて茎立ちし、四方に枝をくねらせたような草姿に。寒くなると、葉が淡いピンク色を帯びる。関東以西なら地植えも可能。葉挿しも簡単。

だるま秋麗《しゅうれい》

Graptopetalum 'Daruma Shuurei'

淡いピンクと紫が混ざった繊細な色合いが魅力。紅葉時、ピンク色が濃くなる。茎は上に伸び、葉はその上部に密集し、よく群生する。夏は葉焼けに注意。

姫秋麗《ひめしゅうれい》

Graptopetalum mendozae

小葉が作るロゼットは小花のよう。群生して育つ。秋、愛らしいピンクに紅葉する人気種。葉が取れやすいので注意を。寒さに強い。乱れたら切り戻しを。

グラプトペタルムとセダムの交配種

グラプトセダム　ベンケイソウ科グラプトセダム属

秋麗《しゅうれい》

Graptosedum 'Francesco Baldi'

細長い葉を放射状に広げてのびやかに育つ。紅葉期には、淡いブルーの葉がピンクを帯びて鮮やか。株立ちする。寒さに強く、0℃以上で冬越しする。

ブロンズ姫《ひめ》

Graptosedum 'Bronze'

銅葉系の代表種。冬は落ち着きのある赤茶に変化。剪定せず自然な樹形を楽しんでも。春に黄色の花が咲く。育てやすく、増やしやすい。

リトルゼム

Graptosedum 'Little Gem'

渋いグリーンの葉色が、冬は赤茶色に変わる。春に咲く黄色い花は、紅葉が残る葉のアクセントになり、華やぐ。生長はゆっくりで暑さは苦手。

グラプトペタルムとエケベリアの交配種

グラプトベリア　ベンケイソウ科グラプトベリア属

グリムワン

Graptoveria 'A Grim One'

黄みがかった葉の尖った先端はほんのりピンク。群生し、親株の周りに子株が出る。寒さに比較的強い。別名を《エイグリーンワン》。春、黄色の花が咲く。

パープルキング

Graptoveria 'Purple King'

白粉を吹いたような質感で、冬はひときわ鮮やかなピンクに染まる。春の黄色い花もかわいい。暑さに弱いが、寒さには比較的強い。別名を《初恋》。

ミセスリチャーズ

Graptoveria 'Mrs. Richards'

白い粉を帯びた淡い紫ピンクの葉色が上品。生長すると茎立ちし、紅葉時にはピンクが濃くなり、艶やか。背が高くなり、株が乱れたら切り戻しを。

パキフィツム　ベンケイソウ科パキフィツム属

群《ぐん》雀《じゃく》
Pachyphytum 'Kyoubijin'

肉厚の細長い葉は上を向き、寒くなると葉先をピンクに染める。白い粉を吹く種なので、水やりは葉ではなく土に控えめに与える。別名を《京美人》。

月《げっ》花《か》美《び》人《じん》
Pachyphytum 'Gekkabijin'

先の尖った幅広の葉をロゼット状に広げ、華やか。秋には紫に紅葉する。夏の高温多湿は苦手。真夏は半日陰で風通しよく管理。日照不足は徒長の原因に。

コンパクツム
Pachyphytum compactum

削ったような多面体の葉はユニーク。その葉を密につけて群生する。生長過程で葉に白い筋が入る。紅葉期には黄〜オレンジに色づく。比較的寒さに強い。

月《つき》美《び》人《じん》
Pachyphytum oviferum 'Tsukibijin'

白い粉を帯びたぷっくり丸い葉は愛らしく、先端はほんのり紫色。紅葉すると全体がピンクに。背丈が伸びすぎたら、切り戻しを。夏は半日陰で乾かしぎみに。

フーケリー
Pachyphytum hookeri

細長い葉がかわいい人気種。群生する。上品なパウダーブルーは寒くなると葉先が赤らむ。とくに夏の過湿に注意。切り戻すと株元から子株が出やすい。

桃《もも》美《び》人《じん》
Pachyphytum 'Momobijin'

ふっくらとした丸葉の先は、桃のようなやさしいピンク。気温が下がると、葉先のピンクはより鮮やか。夏は風通しのよい明るい日陰で乾かしぎみに管理。

パキフィツムとエケベリアの交配種

パキベリア　ベンケイソウ科パキベリア属

ユニフロルム
Pachyphytum uniflorum

プクプク&ツンツンとした印象で、存在感のある緑葉。寒くなると全体はオレンジがかり、葉先はピンクに紅葉する。茎立ちしやすいので、切り戻しを。

紫《し》麗《れい》殿《でん》
Pachyveria 'Hummel's Purple'

白い粉を帯びた肉厚な葉は紅葉すると紫に染まり、妖艶な雰囲気。白粉が取れるのでなるべく葉に触れないで。丈夫で育てやすく、挿し木、葉挿しできる。

ヒアリウム
Pachyveria 'Hialium'

先の尖った肉厚の葉が印象的。夏はシルバーブルーの葉色が、気温の低下でピンクに染まる。茎は立ち上がり、株元に子株がつく。挿し木、葉挿しで増える。

センペルビブム　ベンケイソウ科センペルビブム属

アルドモロ
Sempervivum ‘Aldo Moro’

濃いグリーンの葉で、葉の縁や裏側に濃い赤紫が入る。秋から気温の低下とともに、株全体が濃い赤紫色に染まる。春と秋に株分け、挿し木ができる。

ガゼル
Sempervivum ‘Gazelle’

鮮やかな緑葉と、葉先から出て株全体に巻きついて覆う白い糸との対比が美しい。気温が下がると、葉裏が赤紫に染まる。子株がつきやすく、形よく群生。

コブウェブジョイ
Sempervivum ‘Cobweb Joy’

学名のcobwebとは、クモの巣という意。白い糸に覆われた姿は、名前の通り。やや短い葉を多数重ねる。秋冬には赤く紅葉し、見事。子株がつきやすい。

酒《さか》井《い》
Sempervivum ‘Sakai’

葉の表は緑で、裏は赤紫というツートンカラーが美しい。葉の縁には、産毛のような繊細な毛がびっしり。紅葉期には、全体が鮮やかな赤紫に染まる。

スプライト
Sempervivum ‘Splite’

ライムグリーンの葉は、気温の低下とともに外側の葉から赤くなり、全体が真っ赤に色づく。子株が次々と発生し、群生する。夏はほぼ断水で育てる。

テクトラム‘レッドパープル’
Sempervivum tectorum ‘Red Purple’

細長いシャープな葉が洗練された印象。グレイッシュなベロア調の緑葉は、秋の深まりとともに徐々に赤紫に紅葉する。春と秋に株分け、挿し木ができる。

ブラックミニ
Sempervivum ‘Black Mini’

葉の先をツンと尖らせたチョコレートカラーの葉はシックでエレガント。寒くなると色は深まり、黒に近い色に。よく日の当たる風通しのよい場所で。

ブロンコ
Sempervivum ‘Bronco’

冬は深いワインレッド色に紅葉。春になると徐々にグリーンを帯びていき、緑と葉先のブロンズ色との対比が絵になる。子株がつきやすく、早く群生する。

モアハニーブルーホリズン
Sempervivum ‘More Honey Blue Horizon’

夏はさわやかな淡いグリーンの葉色で、秋から気温の低下とともに、葉裏と葉の先端から赤茶色に色づく。夏は半日陰で乾かしぎみにして株を休ませて。

セネシオ キク科セネシオ属

京《きょう》童《わら》子《べ》

Senecio herreanus

夏型。縦筋模様の入る葉の形から、別名を《アーモンドネックレス》ともいう。太い茎が枝垂れる姿は存在感がある。剪定した枝を土の上に置くと発根する。

銀《ぎん》月《げつ》

Senecio haworthii

冬型。白い毛で覆われた細長い葉は、ふわふわ柔らか。ツンとした葉先を上に向けて育つ。夏は直射日光を避け、水も控えめに。伸びすぎたら切り戻しを。

グリーンネックレス

Senecio rowleyanus

春秋型。玉状の葉から《緑の鈴》とも呼ばれる。丸い葉が連なり、鉢から枝垂れるように伸びて愛らしい。夏の直射日光は避けて。枝を土の上に置くと発根。

スケイポサス

Senecio scaposus

冬型。棒状の緑葉が、和紙のような白い繊維で覆われている不思議な草姿。触ると剝がれるので注意。雨ざらしも避けて。冬は5°C以下にならない室内で。

ピーチネックレス

Senecio 'Peach Necklace'

春秋型。《グリーンネックレス》より少し尖った葉は桃のよう。直射日光に当たり続けると、葉焼けの原因に。過湿に弱いので、乾燥ぎみに。春に可憐な花も。

マサイの矢《や》尻《じり》

Senecio kleiniiformis

夏型。切れ込みのある葉先は、まさに矢尻。独特な葉の形にふさわしい。乾かしぎみにすると葉は短くなる。夏は半日陰で、冬は日当たりよい室内へ移動。

三《み》日《か》月《づき》ネックレス

Senecio radicans

春秋型。三日月に似た形の葉が細い茎に連なり、這うように伸びて枝垂れる。葉先は上を向き、躍動感がある。霜に当たると葉が傷むので冬は室内へ。

セネシオの近縁

オトンナ キク科オトンナ属

カペンシス

Othonna capensis

冬型。細い茎に緑の楕円形の葉が連なり、枝垂れる姿は美しい。春に黄色い花も咲く。乾燥ぎみに管理し、夏の強光を避ける。寒くなると葉は赤みを帯びる。

ルビーネックレス

Othonna capensis 'Ruby Necklace'

冬型。《紫《し》月《げつ》》ともいい、紅葉すると葉も紫色に色づき、枝垂れる姿も優美。春に咲く黄色い花も可憐。冬は霜や寒風を避け、室内で乾かしぎみに。

黒田健太郎

埼玉県さいたま市にある「フローラ黒田園芸」に勤務。日々作品を紹介しているYouTubeやインスタグラムも人気で、多肉植物や草花の魅力を存分に引き出しつつ、アンティークテイストにアレンジするのが得意。園芸店で手に入りやすい身近な植物を使って、花やグリーンのある素敵な空間づくりを提案している。『手づくりのスタンドに季節の花を 素敵に飾る小さな庭』（家の光協会）ほか、著書多数。

フローラ黒田園芸

埼玉県さいたま市中央区円阿弥1-3-9

TEL　048-853-4547

YouTube　フローラ黒田園芸 ガーデニングチャンネル

インスタグラム　@kentarokuroda

＊本書は、2013年11月に発刊した『ひと鉢でかわいい多肉植物の寄せ植えノート』（黒田健太郎、栄福綾子著）のコンテンツを一部使用し、大幅に新規撮影を加えて再編集したものです。

「選ぶ」「育てる」「ふやす」がうまくいく

多肉植物スタートBOOK

2021年10月20日　第１刷発行

2023年３月20日　第４刷発行

著者……黒田健太郎

発行者……河地尚之

発行所……一般社団法人　家の光協会

〒162-8448　東京都新宿区市谷船河原町11

電話　03-3266-9029（販売）

03-3266-9028（編集）

振替　00150-1-4724

印刷・製本……図書印刷株式会社

ブックデザイン……藤田康平（Barber）

撮影……松村隆史

豊田 都（p.64〜80）

取材……山本裕美

校正……ケイズオフィス

DTP制作……天龍社

編集……広谷綾子

ISBN978-4-259-56703-3　C0061